Lo Que
Dices, Recibes

Tus pa~~labras~~ ~~son como~~ ~~di~~namita

~~ssett~~

 Vida

La misión de Editorial Vida es ser la compañía líder en comunicación cristiana que satisfaga las necesidades de las personas, con recursos cuyo contenido glorifique a Jesucristo y promueva principios bíblicos.

LO QUE DICES, RECIBES
Edición en español publicada por
Editorial Vida

©1978 por Editorial Vida

Publicado en inglés con el título:
What You Say Is What You Get
Por Whitaker House
© 1976 por Don Gosset

Traducción: *Shily Kjellgren*
Diseño de cubierta: *Sarah Wenger*

ISBN: 978-8297-0808-0

Categoría: Vida cristiana / Inspiración

IMPRESO EN ESTADOS UNIDOS DE AMÉRICA
PRINTED IN THE UNITED STATES OF AMERICA

13 14 ◆ 60 59

INDICE

PARTE II — LO QUE RECIBES

Parte I

LO QUE DICES

Capítulo Uno

COMO FUE QUE DESCUBRI EL PODER DE LO QUE TU DICES

El año en que descubrí la importancia de lo que muchos llaman "simples" palabras fue el año más aciago de toda mi vida; todo ese año estuvo repleto de penas y problemas.

Llegó agosto, y el día 15 de ese mes nació nuestra hija Juanita Micaela. Fue un parto muy difícil para mi esposa. Nuestro médico se encontraba ausente y el que lo sustituyó era un alcohólico empedernido que se presentó cuando mi esposa arribó al hospital; sin embargo en el preciso momento del alumbramiento no pudo asistirla porque estaba bebiendo.

Mi esposa tuvo que permanecer mucho tiempo en la sala de partos mientras que las enfermeras trataban desesperadamente de localizar a un médico. Percibí que una crisis se cernía en el ambiente y me puse a orar con todas las fuerzas de mi alma.

Finalmente, encontraron un doctor, y nació Juanita. No obstante, se notó luego que ella no estaba bien ni era saludable como lo habían sido nuestros otros hijos.

Supimos por el médico que mi esposa había sufrido

una deficiencia de calcio muy aguda durante el embarazo. La madre había absorbido todo el calcio de la criatura, causando deformidad y ablandamiento de los huesos de las manos y pies del bebé. El creía que con masajes apropiados podría corregirse la deformidad de las manos, pero los pies torcidos en la forma como los tenía Juanita al nacer eran muy difíciles de enderezar, aun con operación. Para colmo, la niña tenía un problema en las vías respiratorias y ante todo eso el doctor ni aseguraba de que viviría. Era muy crítica la condición de la niña.

Se le enyesaron los pies a Juanita, se la colocó en una incubadora debido a su problema respiratorio y se le designó una enfermera especial para que le diese masajes en las manos diariamente. Tuvimos que dejarla en el hospital cuando mi esposa regresó a casa.

Debido al mal alumbramiento, mi esposa se hallaba muy delicada y por lo tanto sólo yo podía ir al hospital todos los días para ver a nuestra niña. Entonces me sentaba al lado de la incubadora a observarla como pataleaba con sus piececitos, haciendo entrechocar el enyesado. Sólo me era permitido tomarla en brazos por unos preciosos minutos, el resto del tiempo me pasaba orando, pidiéndole a Dios que se apiadara de mi criaturita y le concediera salud y vigor.

Por fin, pudimos traer a Juanita a casa. Se me oprimía el corazón al sentir el ruido del yeso cuando sus pequeños pies pataleaban. Me parecía que Dios le estuviese permitiendo al diablo que probase hasta el máximo nuestra fe y dedicación.

Durante este tiempo mi esposa fue atacada de fiebre reumática. Nuestro médico diagnosticó que la causa de la enfermedad era derivada de la misma deficiencia de calcio, que originó la deformación de los pies de Juanita.

Tuve que abandonar el evangelismo y dedicarme enteramente al cuidado de mi esposa y nuestros tres hijos. Además de Juanita, teníamos también a nuestro hijo de dos años, Miguel, y a nuestra hija de un año, Judit. Así, teniendo tres niños que alimentar, preparaba los biberones de una sola vez para los tres. A pesar de la condición de Juanita, siempre pensaba al contemplarlos, ¡qué hermosa vista ofrecían los tres niños que Dios nos había dado!

La adversidad de estos días nos unió más que nunca al Señor a mi esposa y a mí. Nos pasábamos estudiando la Biblia hasta profundizarla, y leíamos muchos libros edificantes, folletos y revistas.

Algunas semanas después de traer a Juanita a casa, sus pies se desarrollaron tan rápidamente que fue necesario reemplazar el enyesado por otro más grande. Cuando el doctor Graham, nuestro médico, le quitó el enyesado, *los pies de Juanita se vieron perfectamente derechos.*

El doctor Graham nos dijo sorprendido que él nunca había visto un caso de pies torcidos que se enderezasen en forma tan completa. En efecto, añadió: "Ella nació tan delicada que eran muy pocas las esperanzas de que sobreviviese. Ahora está completamente bien. Sus dos pies son perfectamente normales y su respiración es buena. Sólo puedo decir que todo esto me hace inmensamente feliz."

Aunque sabíamos que lo que presenciábamos era obra de un milagro, el hecho de que mi esposa continuaba sufriendo de fiebre reumática no nos permitía disfrutar enteramente la alegría de ese milagro. Cada día empeoraba y sus dolores la atormentaban a tal extremo que llegamos a creer que nuestra niña, a pesar de haber sido tocada por un milagro, perdería a su madre.

Transcurrieron semanas, y no teniendo ningún ingreso pecuniario, tuve que hipotecar los muebles, pero el dinero así conseguido se esfumó rápidamente. En vista de su condición física, no podía dejar sola a mi esposa y tampoco tenía dinero para contratar a una persona para que la cuidara. Una y otra vez me puse a invocar la ayuda y misericordia de Dios, con todas las fuerzas de mi alma.

Una tarde, que nunca olvidaré, estaba leyéndole a mi esposa el Salmo 27, cuando de pronto el Espíritu Santo me iluminó el entendimiento y me hizo ver claro el profundo significado de esta escritura. Me volví emocionado hacia mi esposa y le dije: —Querida, ¿lo oíste?

—¿Oí qué, Don?

Ella había dejado vagar su pensamiento mientras yo leía, por lo cual no podía culparla. Habiendo permanecido en cama por meses padeciendo de fiebre reumática, su piel se había descolorido y sus extremidades inferiores se presentaban hinchadas hasta la deformidad; por lo tanto, todo su vigor iba disminuyendo gradual y visiblemente. Aunque muchos de nuestros amigos habían venido a visitarnos y a orar por ella, no se notaba ninguna mejoría. Tan triste era su estado físico que yo vivía con el temor de que el ángel de la muerte ya estaba ante nuestra puerta. Sin duda, nuestra fe era sometida a una verdadera prueba.

Aquella noche, ella me miró sorprendida y yo salté de mi silla repitiendo el primer versículo del Salmo 27: "Jehová es la fortaleza de mi vida." Al momento en que estas maravillosas palabras se adueñaron de mi pensamiento y de mi espíritu tomando vida, corrí a abrazar a mi esposa repitiéndole nuevamente: —Querida, escucha lo que dice la Biblia. Jehová es la fortaleza de *tu* vida.

Pausadamente ella repitió estas palabras en voz alta: —Jehová es la fortaleza de *mi* vida.

A medida que el Espíritu Santo se apoderaba de ella mediante la repetición de estas palabras, su faz se iba transfigurando. Su mirada sombría desapareció y con una entonación que hacía mucho tiempo no escuchaba en su voz, exclamó: —¡Sí, ya me doy cuenta. Jehová *es* la fortaleza de mi vida!

Una profunda alegría que hacía muchos meses no sentía, me invadió por completo. Mal podía sostenerme en pie, pero continuaba repitiendo: —¡Querida, si Dios es la fortaleza de tu vida, entonces no necesitas continuar en esa cama! ¡No tienes que estar enferma o sentirte débil! ¡En el nombre de Jesús, levántate y anda!

—¿Levantarme y caminar, después de tantos meses en cama?

Su rostro expresaba perplejidad. Luego, demostrando su confianza, fue vistiéndose despacito. Un rayo de fe reemplazaba ahora la duda y perplejidad de su rostro. Incorporándose, aunque con mucha dificultad, exclamó llena de gozo: —¡Jehová es la fortaleza de mi vida!

Claramente observé mientras se levantaba que sufría horriblemente y que sus pies continuaban hinchados cuando los colocó en el suelo. Pero ahora se olvidaba de sí misma y no le importaba cómo se sentía. Se entregaba totalmente a la sabiduría infalible de la Palabra de Dios. Llena de optimismo repetía: "Jehová es la fortaleza de mi vida", invocando la fuerza de Dios para curar su debilitado cuerpo.

Dejó el lecho, caminó sin vacilación repitiendo llena de alegría: "¡Jehová es la fortaleza de mi vida!"

Cuanto más mi esposa repetía estas palabras divinas tanto más fuerzas recibía de Dios. Ante nuestra mirada atónita desaparecieron sus dolores, disminuyó la hinchazón de los pies y recobró el color.

Dos médicos comprobaron que se había curado de la fiebre reumática que por tanto tiempo la tuvo postrada. Nunca más hasta el día de hoy ha vuelto a sufrir de aquella horrible enfermedad.

La noche en que mi esposa se curó de la fiebre **reumática** fue cuando descubrí que "Lo que dices, **recibes**".

Yo creo que obtenemos todo lo que pedimos porque Dios siempre cumple su Palabra, y su Palabra dice que cualquiera que "creyere que será hecho lo que dice, lo que diga le será hecho" (Marcos 11:23).

"Todo lo que pidiereis orando, creed que lo recibiréis, y os vendrá." Esa es una maravillosa promesa de la Biblia. Pena fue que me demorase tanto en descubrirla. David dijo: "El que guarda su boca y su lengua, su alma guarda de angustias" (Proverbios 21:23). Y Jesús dijo: "Que de toda palabra ociosa que hablen los hombres, de ella darán cuenta en el día del juicio. Porque por tus palabras serás justificado, y por tus palabras serás condenado" (Mateo 12:36, 37).

No obstante estar tan familiarizado con estas citas bíblicas no sé cómo nunca se me ocurrió que la promesa: "Lo que diga le será hecho", era una espada de dos filos: bien podía servirme o herirme, *dependiendo de lo que yo dijese.*

Un día, en 1961, Dios habló conmigo, en la misma forma como habló a su pueblo hace mucho tiempo. Citando las Sagradas Escrituras, él dijo: "Habéis hecho cansar a Jehová con vuestras palabras" (Malaquías 2:17). Luego, se dirigió nuevamente a mí diciendo: "Vuestras palabras contra mí han sido violentas, dice Jehová" (Malaquías 3:13). ¡Quedé estupefacto! ¿Cómo podía yo haber irritado al Señor? No podía siquiera imaginar cómo es que mis palabras pudieron ser irritantes para él. ¡Seguramente yo nunca podía haber dicho nada contra mi Señor!

Mientras meditaba sobre lo que el Señor tal vez quería decirme, el Espíritu Santo, nuestro Gran Maestro, llamó mi atención sobre el hecho de que me había acostumbrado a hablar en una forma negativa. Constantemente usaba frases tales como "no puedo" y "temo", cuando la Palabra de Dios me decía: "Puedo" y "No temas". Así pues, mis palabras no armonizaban con la PALABRA DE DIOS; ¡estaban en desacuerdo con el Señor!

"¿Andarán dos juntos, si no estuvieren de acuerdo?" Consulté a Amós 3:3. Descubrí entonces que yo nunca podría caminar junto a Dios, y obtener sus bendiciones, triunfos y abundantes dádivas si no estaba de acuerdo con la Palabra de Dios. Por lo tanto aquí era donde residía el secreto: Yo tenía que estar de acuerdo con Dios. Tenía que decir lo que Dios decía respecto a mi vida; necesitaba decir lo que él decía de mi salud, de mis finanzas, de mi fortaleza, de mi unción, de mi poder, y de todas las bendiciones que él me había prometido en su Palabra.

Cuando el Espíritu Santo me reprochó, me vi por él impelido a escribir en mi diario, para mi propia admonición, mi "Lista de nunca mases" la cual aparece al final de este capítulo. En esa ocasión, no me hubiera imaginado que más tarde, el Espíritu Santo me impulsaría a publicar esta "Lista de nunca mases" en muchos idiomas para compartirla con centenares de miles de personas de todo el mundo.

Alabado sea Dios. Es verdad que si crees lo que dices, *lo que dices te será hecho.* Si tú dices: "No puedo pagar mis deudas", por ejemplo, de hecho tú no podrás pagar tus cuentas, aun cuando la Palabra de Dios dice: "Mi Dios, pues, suplirá todo lo que os falta conforme a sus riquezas en gloria en Cristo Jesús" (Filipenses 4:19). Pero si cambias tu forma negativa de hablar (y pensar), y crees firmemente en las promesas de Dios recibirás el milagro financiero que esperabas.

Todo este libro trata de cómo obtener todo cuanto dices. ¡Pero antes de explicarte cómo obtener lo que dices, deseo sintetizar en pocas palabras la siguiente advertencia: *Puesto que lo que pides es lo que recibes, nunca pidas nada que en realidad no deseas recibir.* Para ayudarte a corregir cualquier forma negativa de hablar, tal vez te sirva comenzar por donde yo comencé: con mi "Lista de nunca mases".

MI LISTA DE NUNCA MASES

Nunca Más confesaré "no puedo", porque "todo lo puedo en Cristo que me fortalece" (Filipenses 4:13).

Nunca Más confesaré pobreza, porque "mi Dios suplirá todo lo que me falta conforme a sus riquezas en gloria en Cristo Jesús" (Filipenses 4:19).

Nunca Más confesaré temor, porque "Dios no me ha dado el espíritu de cobardía, sino de poder, de amor, y de dominio propio (2 Timoteo 1:7).

Nunca Más confesaré duda y falta de fe, porque "Dios ha dado a todas sus criaturas la medida de la fe" (Romanos 12:3).

Nunca Más confesaré debilidad, porque "Jehová es la fortaleza de mi vida" (Salmo 27:1), y "el pueblo que conoce a su Dios se esforzará y actuará" (Daniel 11:32).

Nunca Más confesaré que Satanás gobierna mi vida, "porque mayor es el que está en vosotros, que el que está en el mundo" (1 Juan 4:4).

Nunca Más confesaré derrota, "Dios siempre me lleva en triunfo en Cristo Jesús" (2 Corintios 2:14).

Nunca Más confesaré falta de entendimiento, porque "Dios ha hecho también que Cristo sea nuestra sabiduría" (1 Corintios 1:30).

Nunca Más confesaré enfermedad, porque "por su llaga fui curado" (Isaías 53:5), y Jesús "mismo tomó mis enfermedades y llevó mis dolencias" (Mateo 8:17).

Nunca Más confesaré pesares y frustraciones, porque estoy "echando toda mi ansiedad sobre él, porque él tiene cuidado de mí" (1 Pedro 5:7). Con Cristo estoy "libre de preocupaciones".

Nunca Más confesaré esclavitud, "porque el Señor es el Espíritu; y donde está el Espíritu del Señor, allí hay libertad" (2 Corintios 3:17). ¡Mi cuerpo es el templo del Espíritu Santo!

Nunca Más confesaré condenación, porque "no existe la condenación para aquellos que están en Cristo" (Romanos 8:1). Yo estoy en Cristo; por lo tanto, estoy libre de condenación.

Capítulo Dos

TUS MEDIOS INVISIBLES DE SUSTENTO

Mabel Marvin, que asistía a uno de mis servicios religiosos, me contó un buen ejemplo de los resultados que pueden obtenerse al creer en la Palabra de Dios. Ella y su esposo triunfaron después de una difícil situación, solamente porque insistieron en mantener sus convicciones apartando de sus pensamientos las palabras negativas, y por haber proclamado en voz alta su inquebrantable fe en la divina providencia.

Me parece casi seguro que Satanás estuvo más ocupado que de costumbre el día en que esta historia comenzó; porque era domingo, en el momento en que la gente regresaba a sus hogares después del culto. Satanás debe haber estado consciente que tenía que trabajar más que otros días para contradecir todo lo que la gente había escuchado en la iglesia. Probablemente estaba observando la situación de Mabel lleno de gozo, pero él no tuvo en cuenta que ella confiaba en el poder de la Palabra hablada, cuando ésta es usada de acuerdo con los principios de Dios. Veamos ahora el relato de Mabel con respecto a esa situación:

"El sermón de esa mañana de enero había tratado del beneficio que se obtiene empleando palabras que expresen pensamientos positivos cuando nos enfrentamos con alguna dificultad, cuando todo parece que sale mal. Nuestro ministro nos había dicho que puesto que 'sabemos que a los que aman a Dios, todas las cosas les ayudan a bien' (Romanos 8:28), sabemos que Dios hará que nuestras peores circunstancias se reviertan para nuestro beneficio, a pesar de que lo que pretendemos nos parezca un imposible en ese momento. Estaba por recibir una lección objetiva del sermón de esa mañana.

"Al salir de la iglesia, en nuestro camino de regreso a la casa, aparentemente todo nos salía mal. Nuestro camión ya viejo, que era nuestro único medio de transporte y también nuestro medio de sustento, puesto que trabajábamos entregando leche, sufrió un desperfecto, a pesar de que sólo un mes atrás lo habíamos reparado. Esto nos desesperó, porque eso ocurrió durante la guerra y por lo tanto todo estaba racionado.

—"Ahora sí que no podremos arreglarlo —dijo Enrique, mi esposo—. No sé lo que vamos a hacer. Había tantas personas que me precedían en la fila de prioridad que el distribuidor me había dicho que bien podían transcurrir dos años antes de que yo consiguiese un camión nuevo. Pero nosotros lo necesitamos ahora. ¿Cómo iremos a la iglesia ahora? ¿Cómo conseguiremos forraje para nuestras vacas? ¿Cómo vamos a entregar nuestra leche o conseguir nuestras provisiones? Esto realmente me aflige.

"—Para Dios todo es posible —le recordé—. Hemos orado mucho y ahora ya es tiempo que roguemos al Señor para que nos conceda un camión nuevo. ¡Pongamos en práctica el sermón de esta mañana!

"Enrique me miró como si yo hubiera perdido la razón. Vaciló, pero luego dijo: —Supongamos que se lo pedimos, y sin embargo no conseguimos el **camión** nuevo.

"—¿Cómo vamos a saberlo nunca si no lo intentamos? —le respondí—. Yo voy a comenzar a pedirle al Señor desde este mismo instante que nos conceda un camión nuevo, y no dejaré de pedirle hasta que nos lo conceda. El Señor conoce nuestra necesidad. El la remediará. Dios ha prometido proveer todas nuestras necesidades conforme a sus riquezas en gloria (Filipenses 4:19).

"Teníamos que recorrer dos millas sobre dos cerros, y el frío era intenso. Pero a cada paso en el camino rogábamos a Dios que nos concediese un camión nuevo. Al día siguiente continué orando a Dios.

"¡Estaba de rodillas, aún rogando a Dios, cuando Enrique me llamó para avisarme que había conseguido un camión nuevo! El señor Johnson, el hombre que le llevó hasta el pueblo después de que nuestro camión se rompió, tuvo que parar en la Agencia para hacer una diligencia. Un camión había llegado la tarde anterior, pero el hombre que lo había ordenado lo rechazó porque la distancia entre los ejes era muy corta para él. El señor Johnson le informó al agente de nuestra necesidad, y Enrique obtuvo su camión nuevo."

No existen coincidencias con Dios. O tal vez es mejor repetir esto con las palabras textuales de Sam Feldman, un querido hermano hebreo en el Señor, quien siempre dice que "la coincidencia es una obra de Dios". Todos aquellos que caminamos con Dios hemos visto demasiadas "coincidencias" después de haber orado. Son tantas las respuestas "accidentales" y por demás frecuentes las que recibe aquel que ora con fervor, que es imposible creer en coincidencias. Mabel Marvin simplemente había aprendido el poder de usar las palabras como un instrumento de fe para abrir la puerta a fin de alcanzar las abundantes bendiciones de Dios. Ella había aprendido que Dios era su "fortaleza invisible". ¿Cómo puedes tú aprender para que Dios se vuelva tu "fortaleza invisible"? Es muy sencillo: simplemente sigue estas instrucciones.

Si deseas saber cómo construir una chimenea, te consigues un libro sobre construcciones que te indica cómo hacerlo. Si deseas saber cómo preparar un pastel, lees un libro de cocina. Si deseas saber cómo hacer que Dios atienda tus ruegos, lees el manual de sus instrucciones.

De acuerdo con el Reader's Digest el gran inventor Buckminster Fuller cierta vez dijo que el problema con la nave espacial Tierra consistía en que ésta no venía con un libro de instrucciones. Fuller estaba equivocado, la Tierra sí viene con un libro de instrucciones, y ese libro es la Biblia. En lo que a ti y a mí nos concierne ése es el Manual del Fabricante que no solamente nos dice cómo manejar la Tierra y sus habitantes, sino que también nos enseña cómo dirigir nuestras solicitudes de servicio a nuestro Creador.

Ante todo, nuestro Manual nos explica el lenguaje que debemos emplear cuando vamos a pedirle favores a Dios, porque Dios no responde a sus ruegos, mucha gente cree que Dios no existe. ¡Eso es como asegurar que Don Gossett no existe, únicamente porque él no contestó el teléfono! De acuerdo con nuestro Manual, sin embargo, hay una razón por la cual Dios no habla a mucha gente. "Vuestras iniquidades han hecho división entre vosotros y vuestro Dios, y vuestros pecados han hecho ocultar de vosotros su rostro para no oír" (Isaías 59:2). Dios no está muerto; ¡él simplemente no te está escuchando!

¿Qué podemos hacer para que Dios nos escuche? El Manual incluye también eso. Ante todo, no debería sorprendernos si Dios no nos está escuchando, puesto que el Manual nos advierte que "todos pecaron y están destituidos de la gloria de Dios" (Romanos 3:23). Por consiguiente, si tenemos dificultad para que Dios nos oiga, debemos pedirle que nos perdone y borre nuestros pecados. El puede perdonar nuestros pecados porque su Hijo, Cristo Jesús, "pagó por nosotros"; "Jehová cargó en él el pecado de todos nosotros" (Isaías 53:6).

Cristo Jesús pagó por el mundo entero, pero para aprovecharnos de eso, la Biblia nos dice que tenemos que dar ciertos pasos: "Así que, arrepentíos, y convertíos, para que sean borrados vuestros pecados" (Hechos 3:19). "Arrepentirse" es decidirse a seguir los caminos de Dios, pidiendo su perdón para los pecados que hayamos cometido, y si nunca antes lo hubiésemos hecho, pedirle a Jesucristo que entre en nuestro corazón y vida, (Apocalipsis 3:20).

Si hemos seguido estos simples pasos, "la sangre de Jesucristo su Hijo nos limpia de todo pecado" (1 Juan 1:7); el Espíritu de Cristo viene a morar en nosotros (Romanos 8:9); y somos hechos hijos de Dios y herederos (Juan 1:12; Romanos 8:16, 17) y "entonces invocarás, y te oirá Jehová; clamarás, y dirá él: Heme aquí" (Isaías 58:9).

El hombre de la calle, si piensa alguna vez en Dios, probablemente cree que él es su Padre. ¿Pero lo considera Dios su hijo? Unicamente si dicha persona se ha cobijado bajo las leyes de Jesucristo, arrepintiéndose y aceptando a Jesús como su Señor y Salvador. Todos los que han aceptado a Jesús, son hijos de Dios.

La gente que no conoce a Dios o que recién se está familiarizando con él, a menudo se sorprende de que Dios haya inventado las "dilaciones". Sin embargo, las dilaciones de Dios nunca perjudican. En el mismo momento en que tú aceptas a Jesús, tu nombre es registrado oficialmente en el cielo como hijo adoptivo de Dios, en un registro central llamado "El libro de la Vida del Cordero". Ahora ya tienes el derecho legal, en lo que a Dios respecta, de llamarte hijo y heredero de Dios. Y tienes el derecho de reclamar para ti todos los derechos y privilegios gozados por Jesucristo, quien es el único Hijo de Dios por nacimiento natural. Tú eres coheredero con Jesucristo, y puedes compartir todos sus privilegios. ¡Es obvio que lo que digas te será hecho!

Cuando Dios te adopta, te espera una nueva vida plena, una vida eterna, que se conduce de acuerdo a reglas que son completamente diferentes de aquellas que has seguido hasta entonces. Antes tú procediste de acuerdo con las leyes de la naturaleza. Ahora, aunque sigues funcionando de acuerdo con las leyes de la naturaleza, tienes un segundo juego de leyes a tu disposición. Como uno de los hijos de Dios, tienes el derecho de actuar de acuerdo con sus leyes sobrenaturales.

Ken Copeland, en uno de sus libros, dio un ejemplo muy bueno de cómo las leyes sobrenaturales de Dios pueden algunas veces "romper" sus leyes naturales. Ken es piloto, y conoce mucho de aviones. El observó que los aviones parecen "romper" la ley de la gravedad. Sin embargo, en realidad los aviones funcionan de acuerdo a la ley de suspensión, que es otra ley natural que simplemente trasciende los problemas presentados por la ley de la gravedad. En la misma forma, las leyes sobrenaturales de Dios trascienden las leyes naturales de Dios. En cierta forma, que sólo Dios sabe, los hijos de Dios sólo necesitan hablar y creer, y lo que ellos digan les será hecho. Alabado sea Dios, tu no necesitas saber cómo es que la ley de la suspensión trasciende a la ley de la gravedad para viajar en avión; y tampoco necesitas saber cómo es que las cosas que tú digas y creas que van a suceder, suceden. ¡Es suficiente que sucedan!

Así como los hijos naturales del universo tienen que aprender a caminar sin ser derribados por la ley de la gravedad, así también los hijos sobrenaturales de Dios tienen que aprender a manejar sus leyes sobrenaturales sin ser derribados por sus leyes naturales. Aprender a caminar con el Espíritu lleva tiempo, al igual que lleva tiempo aprender a caminar con la materia. Pero bien vale la pena hacer el esfuerzo.

AGRADANDO A DIOS

1. "Yo hago siempre lo que le agrada" (Juan 8:29). Esta es la fuerza que motiva mi vida cristiana: agradar a mi padre, haciendo todo aquello que a él le satisface.

2. "Y cualquiera cosa que pidiéramos la recibiremos de él, porque guardamos sus mandamientos, y hacemos las cosas que son agradables delante de él" (1 Juan 3:22). Las respuestas a nuestras oraciones están sujetas a que hagamos todo aquello que es agradable delante de él. Si mis oraciones no obtienen respuesta, debo tratar de agradarle más, ¡puesto que yo sé que sus ojos están siempre puestos en mí!

3. "Tuvo testimonio de haber agradado a Dios" (Hebreos 11:5). ¡Este es el deseo de mi corazón, mi osada ambición, que pueda tener este mismo testimonio: que pueda contentar a Dios con mi vida, mi talento, mi dinero, mi todo!

4. "Pero sin fe es imposible agradar a Dios" (Hebreos 11:6). Puesto que puedo agradar a Dios solamente con mi fe, yo me atreveré a vivir la vida de fe. "Vivo en la fe del Hijo de Dios" (Gálatas 2:20). "Cerca de ti está la palabra, en tu boca y en tu corazón. Esta es, la palabra de fe que predicamos" (Romanos 10:8). "Así que la fe es por el oír, y el oír por la palabra de Dios" (Romanos 10:17).

5. "¿Trato de agradar a los hombres? Pues si todavía agradara a los hombres, no sería siervo de Cristo" (Gálatas 1:10). Como un ver-

dadero creyente, sobre todas las cosas, trato de agradar a mi Dios, "no sirviendo al ojo, como los que quieren agradar a los hombres" (Efesios 6:6).

6. "Así que, los que somos fuertes debemos soportar las flaquezas de los débiles y no agradarnos a nosotros mismos. Cada uno de nosotros agrade a su prójimo en lo que es bueno, para edificación. Porque ni aun Cristo se agradó a sí mismo" (Romanos 15:1-3). Agradar a Dios significa renunciar a agradarme a mí mismo, a fin de atender a Dios y no a otros.

7. "Porque así dijo Jehová... y escojan lo que yo quiero" (Isaías 56:4). Yo preferiré hacer las cosas que agradan a mi Dios. "Si, pues, coméis o bebéis, o hacéis otra cosa, hacedlo todo para la gloria de Dios" (1 Corintios 10:31). "Y todo lo que hacéis, sea de palabra o de hecho, hacedlo todo en el nombre del Señor Jesús, dando gracias a Dios Padre por medio de él (Colosenses 3:17). "Y todo lo que hagáis, hacedlo de corazón, como para el Señor y no para los hombres; sabiendo que del Señor recibiréis la recompensa de la herencia, porque a Cristo el Señor servís" (Colosenses 3:23-24).

Capítulo Tres

LO QUE SE DICE A UNA MONTAÑA

Infinidad de personas limitan su felicidad y su éxito en la vida porque nunca se han dado cuenta de la importancia de las palabras, palabras de toda clase. En el capítulo onceavo de Marcos, hay una historia interesante respecto al poder de la palabra hablada. Jesús y sus discípulos iban en su camino desde Betania a Jerusalén, y Jesús tenía hambre.

Y viendo de lejos una higuera que tenía hojas, fue a ver si tal vez hallaba en ella algo; pero cuando llegó a ella, nada halló sino hojas, pues no era tiempo de higos. Entonces Jesús dijo a la higuera: Nunca jamás coma nadie fruto de ti. Y lo oyeron sus discípulos.

Aquí estaba Jesús, ¡hablando a un árbol! Y además sabemos que estaba hablando en voz alta, porque "lo oyeron sus discípulos". Parece que nada sucedió en el instante en que él habló. Sin embargo, la Biblia nos cuenta lo que sucedió a la mañana siguiente, cuando Jesús y sus discípulos volvieron a pasar delante de la higuera:

Y pasando por la mañana, vieron que la higuera se había secado desde las raíces. Entonces Pedro, acordándose, le dijo: Maestro, mira, la higuera que maldijiste se ha secado. Respondiendo Jesús, les dijo: Tened fe en Dios. Porque de cierto os digo que cualquiera que dijere a este monte: Quítate y échate en el mar, y no dudare en su corazón, sino creyere que será hecho lo que dice, lo que diga le será hecho.

Observamos en este pasaje que Jesús puso **más** énfasis en el decir que en el creer.

Kenneth Hagin dice que Marcos 11:23 es el secreto del éxito para obtener los milagros de Dios. Otro de mis amigos, Austin Barton, ofrece una prueba conmovedora de la vialidad y fuerza de este pasaje especial de las Escrituras. El había sufrido de varios y agudos ataques al corazón, seguidos de un grave síncope cardíaco. Parecía que no tenía esperanza de sobrevivir. Invocando este pasaje, simplemente él rogó que la "montaña de su corazón lesionado y salud quebrantada" fuese removida y se mejoró, por la gloria de Dios. El reasumió su ministerio, y los especialistas confirman que no ha quedado absolutamente en su cuerpo ninguna evidencia de los fuertes ataques al corazón que había sufrido.

Este pasaje de Marcos 11:23 también ha significado una gran fuente de energía en mi propia vida, y por eso te insto a que recuerdes que "cualquiera que dijere... y no dudare en su corazón, sino creyere que será hecho lo que dice, lo que diga le será hecho".

Mucha gente ha tratado de interpretar este pasaje en el sentido de que se refiere a la oración. Ciertamente la oración es muy importante y es una fuente de enorme energía, pero aquí Jesús no se refiere a la oración sino a lo que se dice. Antes de que tú puedas decir, según este pasaje, sin embargo, hay algo **más** que necesitas saber. Necesitas aprender a no tener dudas en tu corazón.

La duda es lo opuesto a la fe. ¿Cómo tienes fe? Tú decides confiar en la Palabra de Dios. ¿Cómo dudas tú? Decides no confiar en la Palabra de Dios, es decir dejas de tomar la decisión de confiar en la Palabra de Dios para el asunto en cuestión. La decisión de tener fe, confiar en la Palabra de Dios para resolver un asunto, debe ser firme. Cada vez que decides que no puedes confiar en la Palabra de Dios, estás cayendo en la duda. Esto es porque Santiago nos dice: "Pida con fe, no dudando nada; porque el que duda es semejante a la onda del mar, que es arrastrada por el viento y echada de una parte a otra. No piense, pues, quien tal haga, que recibirá cosa alguna del Señor. El hombre de doble ánimo es inconstante en todos sus caminos" (Santiago 1:6-8).

Habiendo mencionado de que no debemos dudar si esperamos recibir algo de Dios, debemos también recalcar que es nuestra fe la que no debe vacilar. Nuestra decisión de creer en Dios debe permanecer firme, no importa cuán atmorizados o inseguros nos sintamos con respecto al resultado del asunto.

La noche en que mi esposa se curó de la fiebre reumática, se sentía muy mal, débil y dolorida. No se sentía como si Dios fuese la fortaleza de su vida, pero ella lo creía. ¿Cómo sabía ella que Dios era su fortaleza? Dios lo había dicho en su Palabra. Puesto que Dios lo había dicho, tenía que ser verdad, no importa qué evidencia en contrario presentase su cuerpo.

La Biblia dice que Dios "llama las cosas que no son, como si fuesen", (Romanos 4:17). Dios no miente. El simplemente hace las cosas en forma diferente a las nuestras. Nosotros necesitamos primero ver y luego creer, como el incrédulo Tomás. El camino de Dios es primero creer y luego ver. Dios dice: "Bienaventurados los que no vieron, y creyeron" (Juan 20:29).

En Marcos 11:23, hay solamente dos condiciones impuestas para alcanzar "todo" lo que dices. Una de ellas es creer: Tienes que creer de corazón que lo que digas te será hecho. La otra condición es hablar: Tienes que decir lo que crees a fin de que lo que digas te sea hecho.

Mucha gente piensa que se necesita una "gran fe" para que sus palabras obren milagros. Sin embargo, esto no es lo que Jesús enseñó. El dijo "que si tuviereis fe como un grano de mostaza (semilla diminuta), diréis a este monte: Pásate de aquí allá, y se pasará; y nada os será imposible" (Mateo 17:20).

El versículo anterior nos hace comprender cómo alcanzar lo que decimos al demostrarnos que necesitamos solamente un poquito de fe; y nuevamente, vemos que debemos convertir ese poquito de fe en palabras. Una vez que tú comprendas lo que es la fe, te será tan fácil tener fe como expresar tus palabras.

Entonces, ¿qué es la fe? Ante todo, deseo subrayar lo que es fe: la fe no es presentimiento. Tú puedes presentir que algo va a suceder, y aquello no sucede; pero cuando tú tienes fe de que algo va a suceder, aquello sí sucede.

Tanto el Antiguo Testamento como el Nuevo se refieren a Abraham como un ejemplo de fe para nosotros. "Abraham creyó a Dios, y le fue contado por justicia" (Santiago 2:23). ¿Qué creyó Abraham? Cuando Abraham estaba en la flor de la vida, Dios le había prometido concederle un hijo, y le había dicho a Abraham que sus descendientes serían innúmeros. Sin embargo hasta los noventa y nueve años, Abraham permanecía aún sin herederos, cuando Dios se le apareció y le dijo: "Yo estableceré mi pacto con Isaac, el que Sara te dará a luz por este tiempo el año que viene" (Génesis 17:21). La Biblia nos revela con esto dos milagros, ¡puesto que tanto Sara como Abraham eran en aquel tiempo demasiado viejos para tener hijos! El milagro de Sara fue también producto de su fe en Dios. Hebreos 11:11 nos dice que "Por la fe también la misma Sara, siendo estéril, recibió fuerza para concebir; y dio a luz aun fuera del tiempo de la edad, porque creyó que era fiel quien lo había prometido".

La Biblia nos dice que Abraham "no se debilitó en la fe al considerar su cuerpo, que estaba ya como muerto (siendo de casi cien años), o la esterilidad de la matriz de Sara. Tampoco dudó, por incredulidad, de la promesa de Dios, sino que se fortaleció en fe, dando gloria a Dios, plenamente convencido de que era también poderoso para hacer todo lo que había prometido; por lo cual también su fe le fue contada por justicia" (Romanos 4:19-22).

Por mis propias experiencias, y según las Escrituras, estoy convencido de que Abraham no se sentía capaz de engendrar un hijo. Efectivamente, la Biblia menciona que cuando Dios le dijo que le nacería un hijo al año siguiente "entonces Abraham se postró sobre su rostro, y se rio, y dijo en su corazón: ¿A hombre de cien años ha de nacer un hijo? ¿Y Sara, ya de noventa años, ha de concebir?" (Génesis 17:17).

Más tarde, pero antes de que Isaac naciera, Sara oyó a Dios repetir su promesa de concederle un hijo a Abraham: "Y Abraham y Sara eran viejos, de edad avanzada; y a Sara le había cesado ya la costumbre de las mujeres. Se rio, pues, Sara entre sí, diciendo: ¿Después que he envejecido tendré deleite, siendo también mi señor ya viejo? (Génesis 18:12, 13). Así que vemos que aunque las Escrituras atribuyen el nacimiento de Isaac a la fe de ambos, ni Sara ni Abraham sintieron que iban a ser padres. Efectivamente, cuando Dios renovó su promesa sobre el nacimiento de Isaac, tanto Abraham como Sara se rieron y por eso es que Dios les dijo que le pusieran al niño el nombre de Isaac, que significa risa.

Cuando Abraham creyó a Dios, "su fe le fue contada por justicia". La fe agrada a Dios, y "Sin fe es imposible agradar a Dios; porque es necesario que el que se acerca a Dios crea que le hay, y que es galardonador de los que le buscan" (Hebreos 11:6).

Puesto que la fe es un tema crucial en nuestras relaciones con Dios, es bueno que sea un don de Dios (vea Efesios 2:8), y también que Dios haya repartido a cada uno de nosotros una medida de fe (Romanos 12:3). En efecto, puesto que Dios ha dado a cada hombre la medida de fe, y todo lo que necesitamos para mover una montaña es fe del tamaño de una semilla de mostaza, no debemos preocuparnos si tenemos o no fe. Todo lo que necesitamos hacer es decidirnos a usar la fe que ya tenemos en la dirección adecuada.

Yo doy gracias a Dios que la fe no dependa de nuestros sentidos. Después de todo, no podemos decidir sobre cómo debemos sentirnos. Generalmente hablando, los sentimientos son algo que nos sucede, no algo sobre lo que podamos decidir de antemano. Pero la fe no es una cuestión de emociones, sentimientos, o siquiera una percepción física. La fe es un producto de la voluntad. Puesto que ya tenemos "una medida de fe" (ya sea que la sintamos o no) todo lo que tenemos que hacer para "tener fe" es decidirnos a aceptar la Palabra de Dios para el asunto en cuestión.

Si decidimos aceptar la Palabra de Dios para algo (lo cual no debería ser difícil de alcanzar: Tito 1:2 nos dice que Dios no puede mentir) entonces podemos saber que tenemos lo que Dios nos ha prometido, aun antes de que seamos capaces de ver que eso suceda. Por eso es que el escritor de Hebreos dice: "Es, pues, la fe, la certeza de lo que se espera, la convicción de lo que no se ve" (Hebreos 11:1). Si decidimos aceptar la Palabra de Dios, esa misma decisión (fe) es una evidencia para nosotros de que obtendremos "las cosas no vistas" que con certeza esperábamos.

Cuando mi esposa decidió aceptar la Palabra de Dios

de que Jehová era la fortaleza de su vida, sufría como nunca. Los pies todavía los tenía hinchados. Ella no tenía ninguna prueba de que estuviese curada, excepto la evidencia de su fe. Sabía que la Palabra de Dios decía: "Jehová es la fortaleza de mi vida", así que sabía que poseía una fuerza, y puesto que poseía esa fuerza, se levantó y caminó; y después que se levantó y caminó, descubrió que la Palabra de Dios era verdadera.

Ahora bien, para creer algo sin saber si es verdad por el conocimiento de nuestros cinco sentidos, tenemos que tener alguna otra forma de saber que eso es verdad. (Si no sabemos que eso es verdad, entonces sólo podemos estar esperanzados y no podemos creerlo.) La única forma de hacerlo, por supuesto, es que puesto que Dios no puede mentir, sabemos que podemos creer en todo lo que Dios dice en su Palabra. Si aquello fue Palabra de Dios, podemos saber que es verdad. Por eso es que Jesús dijo: "Si permanecéis en mí, y *mis palabras permanecen en vosotros*, pedid todo lo que queréis, y os será hecho", (Juan 15:7).

¡Qué promesa! Es como un cheque en blanco en el banco del cielo: "Pedid todo lo que queréis, y os será hecho!" y lo mejor es que la Palabra de Dios, en la que podemos confiar enteramente, contiene muchas de estas promesas generales, además de otras muy específicas. Aquí hay más "cheques en blanco" en el Banco de los milagros de Dios:

"Y todo lo que pidiereis al Padre en mi nombre, lo haré, para que el Padre sea glorificado en el Hijo" (Juan 14:13).

"Si algo pidiereis en mi nombre, yo lo haré", (Juan 14:14).

"Para que todo lo que pidiereis al Padre en mi nombre, él os lo dé" (Juan 15:16).

"Pedid, y se os dará", (Mateo 7:7).

La palabra de Dios promete que si tú eres creyente, sólo tienes que pedir, y ¡Lo que dices, recibes!

EL PODER DE LAS "SIMPLES PALABRAS"

"Si alguno se cree religioso entre vosotros, y no refrena su lengua, sino que engaña su corazón, la religión del tal es vana" (Santiago 1:26).

"Porque: El que quiere amar la vida y ver días buenos, refrene su lengua de mal, y sus labios no hablen engaño" (1 Pedro 3:10).

"La lengua apacible es árbol de vida; mas la perversidad de ella es quebrantamiento de espíritu (Proverbios 15:4).

"Pon guarda a mi boca, *oh Jehová;* guarda la puerta de mis labios" (Salmo 141:3).

"Panal de miel son los dichos suaves; suavidad al alma y medicina para los huesos" (Proverbios 16:24).

"En las muchas palabras no falta pecado, mas el que refrena sus labios es prudente" (Proverbios 10:19).

"Los labios del justo apacientan a muchos, mas los necios mueren por falta de entendimiento" (Proverbios 10:21).

"A cualquiera, pues, que me confiese delante de los hombres, yo también le confesaré delante de mi Padre que está en los cielos. Y a cualquiera que me niegue delante de los hombres, yo también le negaré delante de mi Padre que está en los cielos" (Mateo 10:32-33).

"Porque yo os daré palabra y sabiduría, la cual no podrán resistir ni contradecir todos los que se opongan" (Lucas 21:15).

"Porque con el corazón se cree para justicia, pero con la boca se confiesa para salvación" (Romanos 10:10).

"Mas yo os digo que de toda palabra ociosa que hablen los hombres, de ella darán cuenta en el día del juicio. Porque por tus palabras serás justificado, y por tus palabras serás condenado" (Mateo 12:36-37).

"El hombre se alegra con la respuesta de su boca; y la palabra a su tiempo, ¡cuán buena es!" (Proverbios 15:23).

"Manantial de vida es la boca del justo" (Proverbios 10:11).

"El que guarda su boca y su lengua, su alma guarda de angustias" (Proverbios 21:23).

"Ninguna palabra corrompida salga de vuestra boca, sino la que sea buena para la necesaria edificación, a fin de dar gracia a los oyentes" (Efesios 4:29).

Capítulo Cuatro

"NO PUEDO" SON DOS PALABRAS INCONVENIENTES

Una de mis tareas como ministro es, creo yo, orar por los enfermos. "¿Está alguno enfermo entre vosotros? Llame a los ancianos de la iglesia, y oren por él, ungiéndole con aceite en el nombre del Señor. Y la oración de fe salvará al enfermo, y el Señor lo levantará; y si hubiera cometido pecados, le serán perdonados" (Santiago 5:14-15).

A pesar del hecho, sin embargo, de que la Biblia promete sanar al enfermo, hubo una mujer, en los días en que iniciaba mis oficios dedicados a aliviar a los enfermos, que puso una carga muy pesada sobre mi corazón. Ella estaba padeciendo de un caso muy severo y crónico de asma. Yo había tenido que orar por ella muchas veces y, sin embargo, no mejoraba.

Un día se acercó para contarme sus problemas. Muy sincera pero al mismo tiempo muy desalentada hasta el punto que no podía hablarme sin llorar, me dijo: —Hermano Gossett, no comprendo por qué no puedo sanarme. Conozco otra gente por quienes usted ha orado, gente que también sufrió de asma, y se ha curado. Si es verdad que Dios no discrimina a las personas, ¿por qué es que él no me cura a mí?

Le respondí: —No sé por qué no se ha curado, pero es mejor que continúe contándome todo acerca de su persona.

Inmediatamente comenzó a confiarme sus inquietudes. Me contó todo respecto de su enfermedad y al hecho de que a ella le parecía que nunca se curaría. —He tenido esta asma por muchos años, pero no puedo librarme de ella. Han orado para que me cure muchísimas veces. Otros además de usted han orado, pero está visto que nada me cura. Algunas noches los ataques de asma son tan fuertes que llego a creer que se me acaba para siempre la respiración. Al día siguiente, después de sufrir uno de esos ataques no puedo ni siquiera levantarme de la cama. En otras ocasiones, me siento muy bien en la mañana, pero al mediodía me comienza nuevamente el ataque de asma, y entonces me quedo imposibilitada para el resto del día. Yo trabajo en una oficina, y muchas veces ni siquiera puedo terminar el trabajo del día debido al ahogo y al silbido tan agudo del pecho. He orado, he ayunado, me he hecho un examen de conciencia. ¿Por qué es que no puedo recibir alivio?

Me puse a examinar a esta mujer. Todo en ella reflejaba sinceridad, y obviamente estaba ansiosa de poder recibir de Dios su curación.

—Señora Allison —comencé—. Yo deseo ayudarla y creo que Jesús desea ayudarla también, pero hay algo que debe vencer, algo que es tan serio como el asma, antes de que usted pueda curarse de esta asma.

La perplejidad de su rostro parecía decirme: "No entiendo lo que me quiere decir, pues ya he probado todo."

Ni siquiera esperé que ella formulara esa pregunta. Le hablé directamente sobre su problema: —Si yo le hago ver algo, que creo que es muy importante, ¿me permite que se lo diga con franqueza ahora mismo? Usted sabe cuánto deseo ayudarla. ¿Me creerá usted, sabiendo que yo sólo soy un siervo de Dios?

Sin dudar un minuto, ella respondió: —Ah, sí, yo me he acercado a usted en busca de la verdad y deseo que me *diga* la verdad. Ayúdeme en todo lo posible. Si Dios le deja ver a usted algo en mi vida que no está correcto, deseo que me lo diga. No herirá mis sentimientos; le ruego que me lo diga.

Con toda calma y suavemente le expliqué: —Es verdad que usted sufre de un caso muy grave de asma, pero a lo que yo me refiero que es igualmente grave y tal vez hasta más grave que el asma es su actitud negativa. Usted padece de un caso tan agudo de "negativitis" que jamás he visto otro igual. Le he estado escuchando atentamente y no menos de doce veces ha dicho: "No puedo. No puedo curarme. No puedo respirar. No puedo dejar la cama en las mañanas. No puedo continuar durante el día. No puedo permanecer en la oficina." Parece que su vida estuviese hecha de "no puedo" hacer esto y "no puedo" hacer lo otro. Ahora bien, en ninguna parte de la Biblia Dios la muestra a usted como una "yo no puedo". Sin embargo, de alguna manera, usted ha agarrado esta enfermedad de la "negativitis". Antes de esperar un cambio favorable en su vida, cualquier mejoría en su salud, usted debe empezar a cambiar su actitud negativa por una positiva; en vez de decir "no puedo" diga "sí puedo". Hasta que así lo haga, Dios no podrá ayudarla como él lo desea.

Durante todo el tiempo que estuve hablándole, la señora estuvo llorando. Pero como yo estaba tan interesado en su problema y su condición emocional, sabía que debía continuar puesto que estaba ahí para ayudarla a abrir la puerta hacia Dios, su gracia y su poder.

Ella aceptó mis comentarios y, todavía llorando, me preguntó entre sollozos: —¿Pero qué puedo hacer? ¿Cómo puedo cambiar mi actitud?

Abrí la Biblia en Filipenses 4:13, se la pasé y le pedí que leyese. Suavemente pero con una determinación que no había escuchado antes en su voz, ella leyó: —"Todo lo puedo en Cristo que me fortalece."

—Luego, *ése es* el secreto, —le dije—. En vez de decir "No puedo curarme", comience a afirmar: "En Cristo que me fortalece yo *puedo* hacer todo; yo puedo curarme; puedo recobrarme totalmente en Cristo, quien me fortalece y me cura, por sus llagas yo me curo."

Su recuperación no iba a ser instantánea puesto que la señora Allison había practicado el "No puedo" por tanto tiempo que necesitaba someterse a una disciplina eficaz para enseñar a sus indisciplinados labios a pronunciar la Palabra de Dios. Muchos meses más tarde, sin embargo, volví a verla. En esta ocasión ello estaba alegre y feliz. Toda anhelante me confesó que Dios la había curado completamente de su dolorosa y terrible asma que por tanto tiempo martirizó su vida.

Ahora voy a dar a ustedes "una breve representación" de lo que la señora Allison decía antes de que aprendiese a curarse: "He padecido de esta asma por muchos años, pero no puedo curarme. Han orado por mí muchas veces. Otros además de usted han orado pero simplemente no he conseguido mejorarme."

Lo que la señora Allison dijo fue lo que la señora Allison recibió. Cuando ella dijo: "Yo simplemente no puedo curarme", es claro no podía curarse. Cuando ella dijo: "Puedo recuperarme completamente en Cristo, quien me fortalece y me cura, y por sus llagas yo me curo", por eso ella se curó. Naturalmente, no fue la de ella una mejoría instantánea. Aun la gente que se ha propuesto edificar su fe durante años no siempre consigue mejorías instantáneas. Pero el hecho es que ella *se sanó*. No solamente la señora Allison reconoció su curación, en el sentido de que ella tuvo la Palabra escrita de Dios que dice "por su llaga fuimos nosotros curados", (Isaías 53:5), sino que oportunamente ella también *tomó posesión* de su buena salud, puesto que nunca más tuvo que *confiar* en su curación ya que la sentía con cada aliento que exhalaba.

Lo que dices, recibes.

DE ACUERDO CON DIOS

"¿Andarán dos juntos, si no estuvieren de acuerdo?" (Amós 3:3).

"Caminó, pues, Enoc con Dios" (Génesis 5:24).

1. Mucha gente desea caminar con Dios. Pero ¿cómo podemos caminar con Dios, si no estamos de acuerdo con Dios? Estar de acuerdo con Dios es decir las mismas cosas que Dios dice en su Palabra con respecto a nuestra salvación, sanidad, respuestas al orador y todo lo demás que él nos dice. Debemos saber que Dios no puede mentir, y puesto que él no puede mentir, todo lo que él nos diga debe ser verdad, por lo tanto, debería ser fácil para nosotros poder estar de acuerdo con todo lo que él diga. La Biblia dice que estar de acuerdo con Dios es "tener fe".

"Por la fe Enoc fue traspuesto para no ver muerte, y no fue hallado, porque lo traspuso Dios; y antes que fuese traspuesto, tuvo testimonio de haber agradado a Dios. Pero sin fe es imposible agradar a Dios; porque es necesario que el que se acerca a Dios crea que le hay, y que es galardonador de los que le buscan" (Hebreos 11:5-6).

2. Debemos estar de acuerdo con Dios cuando dice que *nosotros somos quienes Dios dice que somos*: sus hijos nacidos del cielo, nuevas criaturas en Cristo, más que conquistadores en Cristo. No debemos de estar de acuerdo con el diablo, que trata de decirnos que "no somos buenos", "que somos un fracaso", "que somos débiles", "malos cristianos". Debemos estar de *acuerdo* con Dios y en *desacuerdo* con el diablo para poder caminar con Dios.

3. Debemos estar de acuerdo con Dios puesto *que tenemos todo lo que él dice que tenemos*: su nombre, su naturaleza, su poder, su autoridad, su amor. Gracias a su Palabra, ya tenemos todas estas cosas, pero debemos entrar en posesión de ellas mediante nuestras palabras habladas. Poseemos lo que confesamos. Igual que Josué y Caleb, nosotros somos los propietarios legítimos de todo lo que Dios ya nos ha concedido en su Palabra, pero tenemos que tomar posesión de nuestra "Tierra Prometida" mediante la fe.

4. Enoc caminaba con Dios, y nosotros también, al aceptar que *Dios nos* ha dado la habilidad de poder hacer lo que Dios dice que podemos hacer: testificar con poder, echar fuera demonios, imponer las manos sobre los enfermos para que se sanen. Nosotros "todo lo podemos en Cristo".

5. Si hablamos únicamente lo que nuestros sentidos indican, o lo que el médico (o el contador, o el científico, o cualquier otro) nos diga, luego no estaremos actuando de acuerdo con Dios. Es al hablar "sólo la Palabra" que estamos de acuerdo con Dios. Nuestra victoria es una "buena confesión" de fe.

6. Para caminar con Dios debemos estar en desacuerdo con el diablo. Jesús así lo hizo al declarar abiertamente "escrito está", cuando fue tentado en el desierto. (Vea Mateo 4 y Lucas 4.) Nosotros, también debemos resistir al diablo mediante la Palabra.

7. Diariamente, debemos caminar con Dios, estando de acuerdo con él y su Palabra. "Porque él dijo... de manera que podemos decir confiadamente" (Hebreos 13:5-6).

Capítulo Cinco

¿ES ORO EL SILENCIO?

La gente dice que el silencio es oro, y seguramente ésa es una verdad que puede ser muy costosa. Sé de más de un caso en que el silencio ha costado a esas personas lo que ellas más anhelaban de Dios.

Una mañana oré por una mujer enferma. Tanto ella como yo gozamos inmensamente de los resultados: ella se sentía perfectamente bien. No pasó mucho tiempo antes de que me llamase para que la viera nuevamente.

—Estoy tan desasosegada. Mis síntomas han vuelto, exactamente tan agudos como antes. No comprendo qué es lo que está mal —me confesó.

—Cuando su esposo llegó a casa anoche, ¿le contó a él que usted se había sanado? —le pregunté. Pude percibir perfectamente su alteración y vacilación, su indecisión.

—No, —respondió ella a la defensiva—. Usted ve, yo no estaba *segura* todavía. Y no quería decir nada hasta tener la certeza de mi sanidad.

—Pero usted no tenía dolores —le respondí—. ¿Sintió algún dolor?

—Oh, no, todo eso ya ha pasado —ella asintió—. Pero, usted sabe, tengo que tener mucho cuidado. Mi marido es incrédulo, y no quisiera que él lo supiese hasta que yo no estuviese completamente segura.

Esta mujer perdió su batalla porque dudó de la Palabra. Si ella se hubiese atrevido a mantenerse firme en la Palabra y si se hubiese aferrado fuertemente a su confesión de que estaba curada, habría cosechado resultados positivos. Dios promete en Jeremías 1:12: "...Yo apresuro mi palabra para ponerla por obra."

Uno de mis mejores amigos es T. L. Osborn, evangelista y misionero mundialmente famoso. Un día, pasamos cinco horas completas hablando únicamente acerca de la verdad y del poder de la confesión de la Palabra de Dios.

Osborn inició la conversación diciéndome: —Esta verdad de la Biblia del efecto de la confesión de la Palabra ha sido el gran trampolín de todo mi ministerio alrededor del mundo.

Luego, cuando finalmente terminamos nuestra charla aquel día inolvidable, sus últimas palabras fueron: —Don, el conocimiento que tienes con respecto a la confesión de la Palabra hace que seas un hombre ricamente bendecido por Dios.

Mi amigo tenía razón. Dado que he llegado a comprender la importancia de lo que digo, y puesto que he aprendido lo que debo decir y también lo que no debo decir, mi vida ha sido colmada de bendiciones más allá de lo que jamás hubiera soñado pedir. Por desgracia, en nuestra sociedad la palabra "confesión" ha llegado a tener un significado principalmente negativo en vez de un significado positivo. Hoy en día generalmente asociamos la confesión con la culpa. La gente que ha cometido crímenes los "confiesa". Y algunos significados acentúan las confesiones negativas: confesión de los pecados, faltas, errores, debilidades y fracasos.

Aun de acuerdo con la mayoría de las definiciones de los diccionarios, la palabra confesión lleva implícita la idea de culpa. Pero la definición que los creyentes deben usar, la que pertenece también al diccionario secular, es "el reconocimiento de una creencia". Para los seguidores de Jesús, ella significa el reconocimiento de su poder salvador, y comprende la promesa de Jesús para *confesarnos* ante Dios si es que alcanzamos la victoria en este mundo. En Apocalipsis 3:5 se nos dice que "el que venciere será vestido de vestiduras blancas; y no borraré su nombre del libro de la vida, y confesaré su nombre delante de mi Padre, y delante de sus ángeles". Cuando Jesús confiese nuestro nombre ante el Padre, nos será permitido gobernar con él en la vida venidera. "Al que venciere, le daré que se siente conmigo en mi trono" (Apocalipsis 3:21). "A cualquiera, pues, que me confiese delante de los hombres, yo también le confesaré delante de mi Padre que está en los cielos" (Mateo 10:32).

No queremos decir que no hay lugar para la clase de confesión que asociamos con la admisión de culpa o reconocimiento de nuestros pecados ante Dios. Tanto en Juan 1:9 como en Santiago 5:16 se encuentran instrucciones a fin de hacer exactamente lo necesario para conseguir derecho con Dios y continuar en asociación con él y con nuestros semejantes.

La confesión de nuestra fe (que es distinta de la confesión de nuestros pecados) es la confesión de la Palabra de Dios. Es escuchar la Palabra de Dios, haciéndola propia, diciendo que su promesa es para nosotros y recibir los resultados de esa promesa son los pasos ordenados y directos en el camino hacia Dios. Felizmente para nosotros, sin embargo, Dios no espera hasta que hayamos completado todos esos pasos, como si estuviésemos trabajando para obtener algún permiso, licencia o diploma. En el mismo momento en que nos acercamos a Dios, como a un padre, él extiende su mano y nos conduce por el camino con determinación. Mientras estamos aún dando los primeros pasos de nuestra fe, él nos urge hacia la confesión positiva de su lugar en cualquier área de nuestras vidas. El nunca se apartará de *nosotros*. Sin embargo, si flaqueamos o vacilamos, él nos devuelve la opción, y podemos perder terreno en nuestro progreso espiritual.

Lo que tú confiesas es lo que tú posees. Si es una confesión negativa, los resultados serán negativos. Si es una confesión positiva, los resultados estarán bajo la protección de Dios. Mucha gente arruina sus confesiones cuando flaquea entre el "Sí" positivo y el "No" inseguro. Santiago dijo: "Pero pida con fe, no dudando nada; porque el que duda es semejante a la onda del mar, que es arrastrada por el viento y echada de una parte a otra. No piense, pues, quien tal haga, que recibirá cosa alguna del Señor" (Santiago 1:6-7). Cuando tu corazón responde con un vibrante "Sí" positivo a la Palabra, comenzarán a ocurrir resultados positivos en tu vida.

YO POSEO LO QUE CONFIESO
Yo sé lo que confieso y sé lo que poseo.

Yo *confieso* que Jesús es el Señor (Romanos 10:9-10); *poseo* la salvación.

Yo *confieso* que "por su llaga fuimos curados" (Isaías 53:5); *poseo* salud.

Yo *confieso* que el Hijo me ha libertado (Juan 8:36); *poseo* absoluta libertad.

Yo *confieso* que "el amor de Dios ha sido derramado en nuestros corazones por el Espíritu Santo" (Romanos 5:5); *poseo* la habilidad de amar a todos.

Yo *confieso* que "el justo está confiado como un león" (Proverbios 28:1); *poseo* la intrepidez de un león en la lucha espiritual contra el diablo.

Yo *confieso* que Dios ha dicho: "No te desampararé, ni te dejaré" (Hebreos 13:5); *poseo* la presencia de Dios a cada paso en mi camino.

Yo *confieso* que soy de "los redimidos de Jehová" (Salmo 107:2); *poseo* los beneficios de la redención todos los días.

Yo *confieso* que la unción que recibí de Dios, permanece en mí (1 Juan 2:27); *poseo* los resultados de la destrucción de la esclavitud por su unción.

Yo *confieso* que en el nombre de Jesús puedo echar fuera demonios (Marcos 16:1); *poseo* poder sanador para ayudar a aquellos que están padeciendo de enfermedades.

Yo *confieso* que mi Dios, pues, suplirá todas mis necesidades (Filipenses 4:19); nada me faltará puesto que *poseo* las riquezas de Dios.

Confieso y poseo. El camino está claramente trazado.

Capítulo Seis

LA HONESTIDAD ES EL MEJOR
CURSO DE ACCION

Herodes Antipas gobernó Galilea desde el tiempo en que Jesús era niño hasta el año 39 d. de J.C. y fue un hombre sumamente malo. Era malo por naturaleza, puesto que su padre, Herodes el Grande, fue el Herodes que hizo degollar a todos los niños judíos menores de dos años cuando supo que Jesús había nacido. Pero Herodes Antipas realizó un sinnúmero de malas acciones por su propia cuenta: se casó con la mujer de su hermano, hizo matar a Juan el Bautista, mató a Santiago, hermano de Juan, e hizo encarcelar a Pedro, con la intención de matarlo, pero Pedro fue liberado. Finalmente, sin embargo, Herodes hizo algo tan malo que Dios lo mató por ello. ¿Qué crees que fue? La Biblia dice lo siguiente:

"Y un día señalado, Herodes, vestido de ropas reales, se sentó en el tribunal y les arengó. Y el pueblo aclamaba gritando: ¡Voz de Dios, y no de hombre! Al momento un ángel del Señor le hirió, *por cuanto no dio la gloria a Dios;* y expiró comido de gusanos. Pero la palabra del Señor crecía y se multiplicaba" (Hechos 12:21-24).

Si vas a continuar con Dios y aprender a sanar enfermos, limpiar leprosos, resucitar muertos, echar fuera demonios (Mateo 10:8), luego hay un principio vitalmente importante que debes tener en mente: recordar que tienes que dar la gloria a Dios. "Toda buena dádiva y todo don perfecto desciende de lo alto, del Padre" (Santiago 1:17). Si tienes el poderoso don de la sanidad, o estás en una posición de gran autoridad, es únicamente porque Dios te concedió ese don; él te colocó donde tú estás. La Biblia nos enseña que "no hay autoridad sino de parte de Dios, y las que hay, por Dios han sido establecidas" (Romanos 13:1). Todo lo que tienes, lo tienes porque Dios te lo ha dado.

Herodes Antipas no fue el único rey de la Biblia que se olvidó de dónde le vino su poder: Nabucodonosor ha registrado su historia como un testimonio a todos los pueblos, naciones, y lenguas, que moran en toda la tierra. Nabucodonosor nos dice que él:

"Paseando en el palacio real de Babilonia, habló el rey y dijo: ¿No es ésta la gran Babilonia que yo edifiqué para casa real con la fuerza de mi poder, y para gloria de mi majestad? Aún estaba la palabra en la boca del rey, cuando vino una voz del cielo: A ti se te dice, rey Nabucodonosor: El reino ha sido quitado de ti; y de entre los hombres te arrojarán, y con las bestias del campo será tu habitación, y como a los bueyes te apacentarán; y siete tiempos pasarán sobre ti, hasta que reconozcas que el Altísimo tiene el dominio en el reino de los hombres, y lo da a quien él quiere. En la misma hora se cumplió la palabra sobre Nabucodonosor, y fue echado de entre los hombres, y comía hierba como los bueyes, y su cuerpo se mojaba con el rocío del cielo, hasta que su pelo creció como plumas de águila, y sus uñas como las de las aves. Mas al fin del tiempo yo Nabucodonosor alcé mis ojos al cielo, y mi razón me fue devuelta; y bendije al Altísimo, y alabé y glorifiqué al que vive para siempre, cuyo dominio es sempiterno, y su reino por todas las edades. Todos los habitantes de la tierra son considerados como nada; y él hace según su voluntad en el ejército del cielo, y en los habitantes de la tierra, y no hay quien detenga su mano y le diga: ¿Qué haces? En el mismo tiempo mi razón me fue devuelta, y la majestad de mi reino, mi dignidad y mi grandeza volvieron a mí, y mis gobernadores y mis consejeros me buscaron; y fui restablecido en mi reino, y mayor grandeza me fue añadida. Ahora yo Nabucodonosor alabo, engrandezco y glorifico al Rey del cielo, porque todas sus obras son verdaderas, y sus caminos justos; y él puede humillar a los que andan con soberbia" (Daniel 4:29-37).

¿Comienzas a ver cuán celoso es Dios de su gloria? ¿Y comienzas a comprender cuán peligroso es quitarle su gloria; gloria por algo que él ha hecho, y adjudicarte el mérito de algo que ha hecho para ti?

Nabucodonosor dijo que *él* había construido su reino con la fuerza de *su* poder y para gloria de *su* majestad, y cuando las palabras estaban aún en su boca, su reino le fue quitado. El estuvo loco durante siete años, hasta que aprendió a dar gloria a Dios.

El delito de Herodes fue un poco más serio; él sí permitió que su pueblo le adorase. Por eso fue castigado con la pena de muerte.

Bernabé y Pablo corrieron esta clase de peligro en Listra, cuando Pablo sanó a un inválido. La gente, al ver lo que Pablo había hecho dijo: "Dioses bajo la semejanza de hombres han descendido a nosotros" (Hechos 14:11), y se prepararon para ofrecer sacrificios a Pablo y a Bernabé. Cuando los apóstoles oyeron esto, rasgaron sus ropas en señal de pesar y se lanzaron entre la multitud, diciendo: "Varones, ¿por qué hacéis esto? Nosotros también somos hombres semejantes a vosotros, que os anunciamos que de estas vanidades os convirtáis al Dios vivo... Y diciendo estas cosas, difícilmente lograron impedir que la multitud les ofreciese sacrificio" (Hechos 14:15, 18).

Pablo y Bernabé no dejaron que la gente les atribuyese la gloria que le pertenecía a Dios solamente. Así, pues, dijeron a la multitud que no eran seres especiales, que eran hombres "semejantes" a los habitantes de Listra. Pablo y Bernabé tenían el poder de Dios, pero ese poder era de Dios, y no de ellos. Es importante entender que "lo que dices, recibes", no porque tus palabras en sí tengan algún poder, sino porque tus propias palabras hacen posible que el poder de Dios obre en tu beneficio.

Si tus palabras tuviesen su propio poder, y algo sucediese porque tú lo dijiste, eso sería la obra de la "mente sobre la materia". Yo no creo en el poder de "la mente sobre la materia". La Biblia dice que los discípulos "saliendo, predicaron en todas partes, ayudándoles el Señor y confirmando la palabra con las señales que la seguían" (Marcos 16:20). Jesús dijo: "Si algo pidiereis en mi nombre, yo lo haré" (Juan 14:14). ¿Quién hace la obra? Jesús hace la obra. Tú haces el pedido y Jesús la donación. Tú predicas, y Jesús confirma la palabra. Tú dices, y Jesús hace. Puesto que Dios hace todo el trabajo, es importante que le des a él toda la gloria por ello. Si no lo haces, él tiene medios para demostrarte, como lo hizo con Nabucodonosor, que está vigilante. Los creyentes deben ser fanáticamente honestos. Nunca deben atribuirse para sí la gloria que pertenece a Dios.

Cuando predico el mensaje de *Lo que dices, recibes,* hay dos malentendidos básicos que ocurren frecuentemente: uno de ellos acabo de explicarlo: Algunos piensan que yo predico "la mente sobre la materia" en vez de "Dios sobre todas las cosas". El otro malentendido es el siguiente: Cuando yo predico que si la Palabra de Dios dice que tú estás curado, es porque tú *estás* curado, algunos interpretan eso como una licencia para decir cualquier cosa, en tanto sea positivo ¡*aun cuando* no sea verdad!

Si te caes de las escaleras, y el tobillo se te pone amoratado, lo sientes muy dolorido y está hinchado, ¿qué se supone que digas entonces? Tú *puedes* decir: "Yo creo que estoy bien", porque la Palabra de Dios dice, "por su llaga fuimos curados" (Isaías 53:5). Dios no puede mentir. Si él dice que estás curado, es porque tú estás curado. Tú puedes creer en lo que Dios diga; puedes decir lo que Dios diga. Pero *no puedes* decir que tu tobillo no está hinchado, ni amoratado, ni dolorido. El Espíritu Santo es el Espíritu de la Verdad. Jesús dijo: "Mas la hora viene, y ahora es, cuando los verdaderos adoradores adorarán al Padre en espíritu y verdad; porque también el Padre tales adoradores busca que le adoren" (Juan 4:23).

En una historieta de Walt Disney titulada *Bambi,* una cierva le dice a su hijo, "Si no puedes decir nada bueno, mejor es que no digas absolutamente nada". Esto no está en las Escrituras, sin embargo, contiene una gran verdad. Si no puedes decir una verdad, por lo menos no tienes que mentir. Si no puedes decir algo positivo, por lo menos puedes mantener la boca cerrada. Hasta que aprendas a formular una confesión positiva, no tienes que decir nada. "El necio da rienda suelta a toda su ira, mas el sabio al fin la sosiega" (Proverbios 29:11).

Ahora bien, ¿qué deberías hacer durante el período de espera entre lo que dices y lo que recibes? Si te duele el tobillo, puedes decir: "Estoy bien porque la Palabra de Dios dice que yo estoy bien." O puedes decir: "Me duele el tobillo, pero creo que no es nada porque la Palabra de Dios dice que estoy curado, y la Palabra de Dios no puede mentir." O puedes decir: "No me preocupa lo que siento en el tobillo, sólo me preocupa lo que la Palabra de Dios dice acerca de mi tobillo, y la Palabra de Dios dice que el tobillo está sano." Obviamente, no puedes decir que no te duele el tobillo si es que te duele. Así, puesto que no puedes decir que no te duele, no necesitas decir absolutamente nada (a menos que digas que la Palabra de Dios dice que tu tobillo está curado), en caso de que alguien insista en saber cómo sigue el tobillo. Dios no desea que mintamos cualesquiera que sean nuestros motivos. "Porque recta es la palabra de Jehová, y toda su obra es hecha con fidelidad" (Salmo 33:4).

DI LO QUE DIOS DICE

Para algunas personas es un problema el confesar que ellos obtienen, mediante la fe, antes de que les sea posible ver o sentir aquello que están pidiendo. Temen a que puedan estar diciendo mentiras. Pero puesto que Dios no puede mentir, tampoco nosotros podemos mentir siempre que *digamos lo que Dios dice.*

I. Nosotros somos quienes Dios dice que somos.

Somos criaturas nuevas: "Si alguno está en Cristo, nueva criatura es; las cosas viejas pasaron; he aquí todas son hechas nuevas" (2 Corintios 5:17).

Estamos librados "de la potestad de las tinieblas" (Colosenses 1:13).

"Somos más que vencedores por medio de aquel que nos amó" (Romanos 8:37).

Somos "herederos de Dios y coherederos con Cristo" (Romanos 8:17).

Somos bendecidos "con toda bendición espiritual ... en Cristo" (Efesios 1:3).

II. Tenemos lo que Dios dice que tenemos.

Tenemos vida: "El que tiene al Hijo, tiene la vida; el que no tiene al Hijo de Dios no tiene la vida" (1 Juan 5:12).

Tenemos luz: "El que me sigue, no andará en tinieblas, sino que tendrá la luz de la vida (Juan 8:12).

Tenemos libertad: "Donde está el Espíritu del Señor, allí hay libertad" (2 Corintios 3:17).

Tenemos amor: "Porque el amor de Dios ha sido derramado en nuestros corazones" (Romanos 5:5).

Tenemos alegría: "Y nadie os quitará vuestro gozo" (Juan 16:22).

Tenemos perdón: "La sangre de Jesucristo su Hijo nos limpia de todo pecado" (1 Juan 1:7).

Tenemos paz: "Tenemos paz para con Dios por medio de nuestro Señor Jesucristo" (Romanos 5:1).

Tenemos propósito: "Porque para mí el vivir es Cristo" (Filipenses 1:21).

Tenemos poder: "Recibiréis poder, cuando haya venido sobre vosotros el Espíritu Santo" (Hechos 1:8).

Tenemos provisión: "Mi Dios, pues, suplirá todo lo que os falta" (Filipenses 4:19).

Tenemos esperanza: "En la casa de mi Padre muchas moradas hay... voy, pues, a preparar lugar para vosotros" (Juan 14:2).

III. Podemos hacer lo que Dios dice que podemos hacer.

Podemos hacer todo "en Cristo" (Filipenses 4:13). Podemos echar fuera demonios y sanar enfermos (Marcos 16:17-18).

¡Podemos compartir con el mundo lo que tenemos en Cristo!

Afirmemos estas palabras: "Yo soy quien Dios dice que soy. Yo tengo lo que Dios dice que tengo. Yo puedo hacer lo que Dios dice que puedo hacer."

Capítulo Siete

COMO MULTIPLICAR TU DINERO

Al finalizar un servicio radial que yo había estado difundiendo recientemente, se acercó a hablarme una joven de Vancouver, Columbia Británica. Había venido a Vancouver desde Saskatchewan, donde había nacido y se había criado.

—Toda mi vida sólo he conocido pobreza —me declaró—. Mi familia y toda la gente que conocí y con quienes crecí eran pobres. Ahora, aquí en Vancouver, parece que es lo mismo. Mis amigos y conocidos son pobres. Apenas si pueden disponer de un dólar extra para alguna cosa. Hay tanto que yo querría hacer para el Señor, pero todo lo que tengo se me va en las cosas indispensables que tengo que comprar para mi hijo y para mí. La pobreza me ata, pero yo creo simplemente que de alguna manera Dios tiene una respuesta para mí.

—Me agrada oírla hablar de esta manera —le respondí—. Yo, también estoy convencido de que Dios tiene la respuesta para la pobreza. Recuerdo que mi propia familia pasó mucha pobreza durante aquellos años de la depresión. Cuando mi madre me visitó recientemente, me hizo recordar que entonces éramos tan pobres que cuando se rompió nuestro reloj, ¡no pudimos permitirnos el lujo de comprar uno nuevo! En nuestro hogar nunca hubo leche suficiente para repetir una taza de cereal en el desayuno. ¡Si querías una segunda taza de cereal, tenías que guardar la leche de la primera taza!, o comerte el cereal seco. Por propia experiencia yo sé lo que es ser pobre y no poder pagar las deudas. Yo también odio la pobreza, y estoy convencido de haber encontrado la respuesta de Dios.

La fe en la voz de esta joven me animó. Estoy seguro de que ella está en el camino de vencer la pobreza. Mientras reflexionaba sobre sus declaraciones y recordaba la pobreza que había pasado en mi propio hogar, me vino el deseo de ayudar a todos los creyentes a comprender el plan de prosperidad de Dios.

Dios tiene una ley divina de dar y recibir. Si tú deseas recibir ayuda económica de Dios, tienes que comprender que es la medida que tú das la que determina la medida que recibirás de Dios. Cuanto más des, más recibirás; Dios siempre cuida de que recibas más de lo que das. Jesús dijo: "Dad, y se os dará; medida buena, apretada, remecida y rebosando darán en vuestro regazo; porque con la misma medida con que medís, os volverán a medir" (Lucas 6:38).

Si tus oraciones no son escuchadas, deberías hacer inventario de lo que estás dando; particularmente si las oraciones que se refieren especialmente a finanzas son las que parecen no ser atendidas. La Palabra de Dios dice que guardarse los diezmos y ofrendas equivale a robar a Dios:

"¿Robará el hombre a Dios? Pues vosotros me habéis robado. Y dijisteis: ¿En qué te hemos robado? En vuestros diezmos y ofrendas. Malditos sois con maldición, porque vosotros, la nación toda, me habéis robado. Traed todos los diezmos al alfolí y haya alimento en mi casa; y probadme ahora en esto, dice Jehová de los ejércitos, si no os abriré las ventanas de los cielos, y derramaré sobre vosotros bendición hasta que sobreabunde. Reprenderé también por vosotros al devorador" (Malaquías 3:8-11).

Si tú le robas a Dios los diezmos y las ofrendas, serás el que pierda al final. Dios lo declara enfáticamente: "Malditos sois con maldición, porque vosotros... me habéis robado los diezmos y las ofrendas."

El dar el diezmo (dar un décimo de tu entrada bruta a Dios) es un paso de fe duro para muchos creyentes nuevos, pero ése es un paso con el que Dios nos ordena probarle. Además de los diezmos, Malaquías dice que también le debemos a Dios ofrendas. Una ofrenda es cualquier cosa que tú des a Dios de un valor *superior* al décimo de tu entrada bruta.

Pagar tus diezmos y ofrendas puede parecerte algo duro de hacer al principio, hasta que te des cuenta de la razón por la cual Dios te pide que lo hagas. La razón por la cual él te pide que le des es para que él pueda darte a ti. Dios se ha comprometido a dar a la gente en la proporción que ellos le dan a él. Si le dan con liberalidad, él dará liberalmente; si son mezquinos con él, él será mezquino con ellos. Pero Dios devolverá todo lo que le sea dado en "medida buena, apretada, remecida y rebosando". Dios dice: "Abriré las ventanas de los cielos, y derramaré sobre vosotros bendición hasta que sobreabunde." Además, Dios promete reprender por nosotros al devorador.

¿No querrías tú tener la protección de Dios contra calamidades económicas innecesarias e inesperadas? Por cierto que sí, *si* es que pagas a Dios lo que le debes. Si no, tú serás como la gente a quien Dios habló en Hageo, y que habían estado guardándose los diezmos:

"Sembráis mucho, y recogéis poco; coméis, y no os saciáis; bebéis, y no quedáis satisfechos; os vestís, y no os calentáis: *y el que trabaja a jornal recibe su jornal en saco roto*" (Hageo 1:6).

Si has estado robando a Dios los diezmos y ofrendas, no continúes con la desaprobación inflexible de Dios sobre tu vida. Paga tus diezmos y entrega tus ofrendas en el nombre del Señor y está seguro de que Dios hará por ti todo lo que dice que hará. ¡El abrirá para ti las ventanas de los cielos, y derramará sobre ti bendición hasta que sobreabunde, y reprenderá por ti al devorador! Esta es la única parte de las Escrituras en que Dios realmente nos invita a probarlo.

Pagar los diezmos y dar las ofrendas son los únicos medios bíblicos por los cuales Dios nos promete abrir las ventanas del cielo. Algunas personas son pobres, improductivas y vacías en sus vidas espirituales porque han sido mezquinas con Dios. Simplemente ¡ellas están pagando por su desobediencia con su pobreza espiritual!

Alguien me preguntará: "¿Quiere usted decir que yo tengo que comprar las bendiciones de Dios pagándolas con los diezmos y dando ofrendas?"

No, absolutamente. El dinero no puede comprar nada de Dios. Pero cuando tu Dios ha dicho en su Palabra que él será generoso con aquellos que son dadivosos, y mezquino con aquellos que son tacaños, *¡él no puede faltar a su Palabra!*

Quitarle a Dios es propender a la pobreza, nos dice la Biblia. Dios desea derramar en ti muchas bendiciones espirituales físicas y económicas. Hay miles de testigos de este hecho. Dar espontánea y verdaderamente es un acto de fe. Dejar de dar es incredulidad. Eso es cederle terreno al diablo. Yo te exhorto: resiste al diablo y él huirá. Dile que es un mentiroso. Cree en la Palabra de Dios y serás bendecido. Escucha las dudas del diablo y perderás las bendiciones económicas que Dios desea derramar sobre ti.

Te desafío a que hagas algo grande en el área del dar. Dios te envía un gran reto cuando dice: "¡Pruébame ahora mismo, con tus diezmos y ofrendas, y ve si Yo no te abro las ventanas del cielo, y derramo sobre ti bendiciones hasta que sobreabunden, y reprenderé también por ti al devorador!" Dios simplemente dice: "Pruébame."

Sé de una señora que vivía en la pobreza. El poco dinero que tenía apenas le alcanzaba para pagar la cuenta del gas, cuando ella aceptó el desafío de Dios de "probarle" con su dinero. ¿Sabes lo que Dios hizo por ella? El hizo que la señora recibiera de fuentes inesperadas, cinco veces más de la cantidad de dinero que ella dio; y todo porque se atrevió a creer en la Palabra de Dios.

Si tú estás pasando pobreza, *puedes volver a la prosperidad*. Si estás agobiado por la pobreza; lo mejor que puedes hacer es dar a Dios valientemente.

El dar es simplemente un asunto de creer o no en la Biblia. La gente que cree en la Biblia, cuando da obtiene grandes bendiciones de Dios. Yo ansío que tú obtengas lo mejor de Dios. Busca las poderosas promesas que la Biblia hace a los que dan. Luego actúa de acuerdo a la Palabra de Dios.

Recuerda que Dios no es un hombre, ya que como tal pudiera mentir. Y Dios ha prometido que derramará sobre ti sus bendiciones (espirituales y económicas) "hasta que sobreabunden" si tú le pruebas con tus diezmos y ofrendas. A esto se le llama una ofrenda para "Probar a Dios".

Recuerdo cuando di mi primera ofrenda que "puso a Dios a prueba". Mi esposa y yo íbamos viajando desde Chillicothe, Missouri, donde acabábamos de cerrar una campaña evangélica y nos detuvimos en Carthage, Missouri, para visitar las reuniones que se hallaba celebrando el evangelista Jack Coe.

El pago de la letra del automóvil Ford 1947 que guiábamos había consumido casi todo nuestro dinero.

Una noche, el hermano Coe predicó sobre lo que él llamaba una ofrenda de "Prueba"; él basó la ofrenda en Malaquías 3:8-11, el pasaje que yo mencioné anteriormente.

Una y otra vez el hermano Coe recalcaba el hecho de que ésta era la Palabra de Dios y no la palabra del hombre. Este era el desafío de Dios. Dios estaba advirtiendo a su pueblo que dejase de robarle al guardarse los diezmos y ofrendas.

Mientras el hermano Coe leía estas palabras, repentinamente me pareció como que no era él el que estaba hablando, sino que Dios estaba hablando por sus labios.

Yo necesitaba probar a Dios. Yo necesitaba que Dios abriese las ventanas del cielo sobre mi vida. Deseaba bendiciones sin fin.

Y desesperadamente necesitaba que Dios reprendiese por mí al devorador (Satanás).

Me puse a buscar lo que podía dar. En mi cartera tenía un dólar. En mis bolsillos encontré 5 centavos. Sabía que mi esposa no tenía nada. Tampoco en el banco había dinero, ni lo teníamos escondido en parte alguna. Esa era, pues, nuestra situación. El total de mis finanzas llegaba a un dólar y 5 centavos.

A fin de que fuese el paso más real y personal, el hermano Coe invitó a cada uno de nosotros a llevar nuestras ofrendas "de prueba", ir hasta el frente de la sala y depositarlas justamente sobre la Biblia, que él había dejado abierta en la página de Malaquías 3.

Percibí que Dios estaba desafiándome a hacer algo que parecía completamente fuera de toda razón. Mi esposa estaba esperando nuestro primer hijo. Pensé: ¿Y si ella necesitase algo especial? o ¿qué pasaría si yo tuviese algún gasto inesperado con el automóvil?

Traté de buscar una "salida" en caso de que esto no saliese bien, aunque bien sabía que ése era solamente un razonamiento carnal. Sabía que si continuaba insistiendo en ese sentido sólo conseguiría apagar y contristar al Espíritu Santo. Yo creo que muchos pierden lo mejor de Dios en lo que respecta al dar, porque hacen uso de razonamientos carnales, apagando y contristando al Espíritu.

Aún recuerdo las palabras del hermano Coe: "Pruébame, dijo el Señor, y te abriré las ventanas de los cielos. Y derramaré sobre ti bendiciones sin fin. Reprenderé a Satanás por la pobreza de tu vida. Y tú serás feliz, dijo el Señor."

Yo tenía solamente veintiún años. Esta era una nueva experiencia para mí. Sin embargo sabía que estaba escuchando claramente la Palabra de Dios. Yo había reclamado vida eterna en la base a su Palabra. Había puesto en juego mi vida entera en su Palabra al aceptar su sagrado llamado para predicar el evangelio.

¿Cómo desconfiar entonces en su Palabra en cuanto a darme?

Miré a mi querida esposa sentada junto a mí; contemplé nuevamente el único billete de un dólar que contenía mi cartera.

¿Qué hacer? Mi demora le dio al diablo oportunidad para meterse en mí mediante algunas de sus arteras dudas. Con mucha astucia susurró a mi oído. "Esto es tonto. No puedes permitirte dar ese dólar. Piensa en tu mujer: Piensa en tu automóvil. Puede ocurrir algo imprevisto. No le hagas caso a ese predicador. Otros tienen más dinero que tú. Que den *ellos*. Guarda bien ese último dólar que te queda."

En ese momento, sabía que ésa era la voz del engañador, el diablo. Yo sabía que uno de sus más engañosos recursos es infundir en la mente de las personas la idea de que "otros lo harán".

Además, sabía que *Dios deseaba de que yo diera*. El creyente tiene necesidad de dar. El dar es una de las experiencias espirituales más maravillosas de la vida cristiana.

Recuerda las palabras del Señor Jesús, que dijo: "Más bienaventurado es dar que recibir" (Hechos 20:35).

Sí, la acción de dar atrae un sinnúmero de bendiciones. Aquellos que han descubierto esto saben la importancia de obedecer la voz del Espíritu cuando se refiere al acto de dar.

Repentinamente, me levanté del asiento y caminé derecho hacia el frente de la sala para colocar el último dólar que me quedaba sobre "la Biblia, como mi ofrenda "de prueba".

¡Cuando me desprendí de ese dólar y lo coloqué sobre la Palabra de Dios, estaba emocionado! Sabía que había obedecido a Dios. Estaba colaborando con mi Creador en algo grande y maravilloso. Dios y yo habíamos entrado en sociedad.

Regresé a mi asiento con paso ágil. ¡Me sentí más liviano porque había dado ese último dólar!

Fui guiando el carro desde ese servicio hasta la casa de unos amigos que nos habían invitado a quedarnos con ellos, y por todo el camino fui cantando coros de alabanza.

Creí que posiblemente mi sueño iba a ser interrumpido por la falta de dinero. ¡No fue así! Yo había dado, y al hacerlo había puesto el asunto en las manos bondadosas de Dios. Mi vida, mis finanzas y mis responsabilidades eran realmente todas de él. De manera que descansé en paz.

¡Cuando me desperté temprano a la mañana siguiente, el Espíritu de Dios se manifestaba en mi corazón! Dios había abierto las ventanas del cielo para mi alma, y yo estaba bebiendo sus bendiciones espirituales. Aún cuando nunca hubiese recibido ninguna bendición financiera por aquella ofrenda, las bendiciones espirituales bien hubieran valido la pena.

"Me mostrarás la senda de la vida; en tu presencia

hay plenitud de gozo; delicias a tu diestra para siempre" (Salmo 16:11). El dinero no puede comprar la felicidad, mucho menos la alegría. Las bendiciones de Dios no tienen precio.

Más tarde aquella mañana, fui hasta la oficina de correos para buscar mi correspondencia. En mi camino me encontré con un comerciante creyente a quien conocía.

Después de saludarme, ahí en la vereda, él me miró con mucho interés y me preguntó: —Don, ¿cómo le está yendo a usted?

—Oh, muy bien, gracias —respondí.

—Dígame: ¿cómo le está yendo económicamente? —preguntó él.

—Oh, el Señor es bueno con nosotros —le dije.

El Señor *era* bueno con nosotros. Nosotros no medimos su bondad por la cantidad de dinero que poseemos. ¡No! ¡Las bendiciones del Señor nos hacen ricos y no añaden penas!

Luego mi amigo dijo: —Bien; siento que debo hacer algo para ayudarle en el ministerio que usted hace en nombre del Señor.

Acompañando esa declaración metió las manos al bolsillo y sacó su cartera. Nada parecido me había sucedido antes, y por eso me sentí un tanto turbado. Miré al cielo para no dar la apariencia de estar ansioso o inquisitivo de lo que él estaba sacando de su cartera.

Cuando el hombre se volvió hacia mí nuevamente, me agarró la mano, y me deslizó en ella un billete. Mantuve la mano apretando aquel billete, porque ese billete era parte del milagro que Dios me había prometido la noche anterior cuando yo "probé a Dios" al dar mi ofrenda. Agradecí al hombre por su donación, y nos despedimos.

El caminaba en una dirección y yo iba en otra. Fui observándolo de reojo hasta que se hubo alejado sufi-

cientemente como para no poder verme abrir la mano
y verificar lo que me había dado.

(Le conté a mi esposa más tarde que yo tenía la
seguridad de que lo que me había dado era más de un
dólar. ¡Yo "sentía" que ese billete era de más de un
dólar! Además, yo *esperaba* que fuese más de un dólar,
porque un dólar fué la cantidad que yo di. Y Dios
prometió darme una bendición que sobreabunde.)

Cuando finalmente mi amigo se alejó bastante, abrí
la mano y encontré ¡un billete de diez dólares! ¡Ese
ha sido el billete de diez dólares más grande que jamás he visto! No en tamaño; ya que era de medida
standard. ¡Pero porque me había sido enviado del
cielo, parecía como si fuese de cien dólares!

¡Hasta me olvidé de que tenía que ir a la oficina
de correos! ¡Casi corrí de vuelta hacia donde estaba
mi esposa para compartir con ella el hecho de que
Dios ya me había devuelto diez veces aumentada la
cantidad que yo había dado la noche anterior!

Esa misma tarde, yo tenía que hablar en una reunión
de pastores. Se entendía claramente que puesto que
se trataba de una reunión de pastores, no recibiría
remuneración financiera por predicar allí.

Pero justamente antes de que comenzara a hablar,
el líder de esa congregación de pastores, el hermano
Gilchrist, se levantó y habló a los hermanos con profunda emoción.

"Hermanos, ustedes saben que no es nuestra costumbre recoger ofrendas para nuestros oradores. Nunca lo hacemos. Pero hoy día, sentado en esta plataforma, el Señor me ha hablado a mi corazón. El Señor
me ha dicho que deberíamos recoger una ofrenda para
el hermano Don Gossett, quien va a hablarnos esta
tarde. Deseo que todos obedezcamos al Señor, y hagamos esta ofrenda especial para el hermano Gossett."

Yo me sentía feliz, y pensé: "Aleluya, Dios puede
cambiar los viejos reglamentos y procedimientos cuan-

do es necesario, a fin de remediar las necesidades de sus siervos."

Aquellos queridos hermanos me dieron veinticinco dólares.

Sabía que ésta era la forma de responder de Dios a mi acción de fe la noche precedente, cuando me atreví a "probar a Dios" con mi último dólar.

Y eso no fue todo. Desde entonces, como yo he continuado dando, Dios ha continuado bendiciéndonos espiritual, física y financieramente en forma maravillosa. Nos llevó muchos años aprender a confiar en él plenamente, pero, ¡cuánto me alegro de haber comenzado ese día! Fui tan feliz ese día también. Saber que he guardado tesoros en el cielo, aunado a la seguridad de que he obedecido al Señor: todas éstas eran suficientes recompensas por sí mismas. Pero además, Dios cumplió con lo que dijo que haría. Abrió las ventanas del cielo, derramó sobre mí abundantes bendiciones, reprendió por mi causa al devorador, y me hizo feliz.

LO QUE SE PUEDE ESPERAR
DESPUES DE DAR

Haga de ésta una afirmación personal de la Palabra de Dios: Dios hará lo que dice.

1. He probado a Dios con diezmos y ofrendas de acuerdo a Malaquías 3, y ahora sé que Dios abrirá las ventanas del cielo para mí, y derramará bendiciones tan abundantes que no tendré suficiente espacio para recibirlas. Alabado sea Dios por abrir las ventanas del cielo a mi alma, y por sus abundantes bendiciones que enriquecen y no afligen.

2. Luego, yo sé que Dios en respuesta a mi amorosa obediencia de dar, ha prometido que él reprenderá por mí al devorador. El diablo es el devorador que se devorará mis finanzas, la armonía de mi hogar, la paz de mi espíritu. ¡Alabo al Señor por reprender al devorador por mi causa!

3. Yo sé que Dios suple todas mis necesidades conforme a sus riquezas en gloria en Cristo Jesús. Me mantendré firme de acuerdo con esta confesión, sin dudar. Santiago 1:7 declara que el hombre de doble ánimo no recibirá nada del Señor. Pero yo no perderé la esperanza de que Dios me abra las ventanas del cielo, y derrame todas sus bendiciones en forma tal que sobreabunden, y que él esté reprendiendo al devorador por mi causa. ¡Está sucediendo ¡aleluya!

4. He sembrado en abundancia, y por eso Dios declara que cosecharé abundantemente. Las

bendiciones financieras abundantes son mías, porque Dios así lo dijo, y Dios no es hombre que pueda mentir.

5. He dado sin enojo, no por necesidad; he dado espontáneamente, con gusto porque "Dios ama al dador alegre" (2 Corintios 9:7). Yo sé que si retuviese lo que es de Dios eso sería la causa de mi pobreza (Proverbios 11:24). Pero yo practico la liberalidad en el dar, y por eso él se hace cargo de mis necesidades.

6. Estoy descubriendo la verdad de las palabras de Jesús que es más bienaventurado dar que recibir. (Hechos 20:35). Ser un dador alegre, espontáneo (2 Corintios 9:7) es la fuente de una gran bendición, mucho más grande que recibir. Pero a medida que doy, el Señor cuida de que se me dé medida buena, apretada, remecida y rebosando . . . en mi regazo (Lucas 6:38).

7. La Palabra de Dios es "Su gran plan contra la pobreza", para que no me falte dinero y bienes materiales en abundancia, para remediar las necesidades de mi familia, y sobre todo para dar con el fin de propagar su evangelio en el mundo entero.

Capítulo Ocho

MAS ACERCA DEL DINERO

"Porque raíz de todos los males es el amor al dinero" (1 Timoteo 6:10). El dinero no es malo, sino que lo malo es tenerle *amor* al dinero. Jesús dijo: "¡Cuán difícil les es entrar en el reino de Dios, a los que confían en las riquezas!" (Marcos 10:24). Cuando amamos al dinero más que a Dios, cuando confiamos en el dinero más de lo que confiamos en Dios, se nos presentan problemas. Perdemos la oportunidad de que Dios nos bendiga financieramente en esta vida, y también perdemos la oportunidad de ir al cielo en la vida venidera.

Jesús dijo: "Si alguno quiere venir en pos de mí, niéguese a sí mismo, y tome su cruz, y sígame. Porque todo el que quiere salvar su vida, la perderá; y todo el que pierda su vida por causa de mí y del evangelio, la salvará. Porque ¿qué aprovechará al hombre si ganare todo el mundo, y perdiere su alma?" (Marcos 8:34-36). El alma de un hombre, dijo Jesús, vale mucho más para ese hombre que el mundo entero, y para salvarla él debe llegar a un punto en que desea renunciar a todo, y sólo seguir a Dios. Jesús planteó esta transacción en los términos de un balance: ganancias *versus* pérdidas.

El provecho que se gana al hacer la voluntad de Dios es algo más que espiritual, aunque las ganancias espirituales que se obtienen mediante la obediencia a Dios son de mayor importancia. Pero la Biblia nos dice que hay también bendiciones de dinero que se obtienen al seguir a Dios. ¿Sabías tú que Dios paga interés? A aquellos de nosotros que, como Pedro, hemos dejado todo para seguirle, él paga un interés de ¡*diez mil por ciento*! dijo Jesús: "De cierto os digo que no hay ninguno que haya dejado casa, o hermanos, o hermanas, o padre, o madre, o mujer, o hijos, o tierras, por causa de mí y del evangelio, que no reciba cien veces más ahora en este tiempo; casas, hermanos, hermanas, madres, hijos, y tierras, con persecuciones; y en el siglo venidero la vida eterna" (Marcos 10:29-30).

Dios conoce nuestros motivos. Si damos para obtener, él aun nos devolverá "medida buena, apretada, remecida y rebosando", pero si damos sólo por amor a él, la tasa de interés es aún mayor: es "¡cien veces más!"

Una de las razones porque Dios desea que nosotros demos, especialmente nuestros diezmos y ofrendas, es para que podamos colocar el dinero en su propia perspectiva. El desea que el dinero tenga el lugar que le corresponde en nuestra vida.

Manejado impropiamente, *el dinero puede convertirse en nuestro amo*. Podemos llegar a preocuparnos tanto por conseguirlo y temer perderlo que no podremos hacer las cosas que Dios desea que hagamos y ser la persona que Dios desea que seamos. "Ninguno puede servir a dos señores", dijo Jesús, "porque o aborrecerá al uno y amará al otro, o estimará al uno y menospreciará al otro. No podéis servir a Dios y a las riquezas . . . No os afanéis, pues, diciendo: ¿Qué comeremos, o qué beberemos, o qué vestiremos? Porque... vuestro Padre celestial sabe que tenéis necesidad de todas estas cosas. Mas buscad primeramente el reino de Dios y su justicia, y todas estas cosas os serán añadidas" (Mateo 6:24, 31-33).

En el pasaje anterior del Sermón del Monte, Jesús le dijo a la multitud que no podía servir al dinero y a Dios, pero que si ponía a Dios primero, él les proveería para todas sus necesidades. *Si Dios no ha estado proveyendo para tus necesidades, tal vez tú no has estado poniendo a Dios primero.*

La Biblia menciona tres manera específicas según las cuales no ponemos a Dios primero. Estas maneras se vuelven un impedimento para alcanzar la prosperidad económica. Si no las tenemos en cuenta, estas faltas pueden anular los principios que yo compartí contigo en el capítulo siete, y créeme, aquellos principios multiplicarán tu dinero si los practicas correctamente y si no permites que ninguno de esos impedimentos sean un obstáculo.

El primero de estos impedimentos para alcanzar prosperidad es el siguiente: "Guardaos de hacer vuestra justicia delante de los hombres, para ser vistos de ellos; de otra manera no tendréis recompensa de vuestro Padre que está en los cielos. "Cuando, pues, des limosna, no hagas tocar trompeta delante de ti, como hacen los hipócritas... para ser alabados por los hombres; de cierto os digo que ya tienen su recompensa. Mas cuando tú des limosna, no sepa tu izquierda lo que hace tu derecha, para que sea tu limosna en secreto; y tu padre que ve en lo secreto te recompensará en público" (Mateo 6:1-4).

Cuando oramos, ayunamos y cuando damos, la Biblia dice que debemos ser puros en nuestros motivos. Si hacemos lo que hacemos con el único fin de que otros nos vean, entonces ésa será nuestra única recompensa: ser vistos por otros. Si, sin embargo, hacemos lo que hacemos en obediencia a Dios, entonces sí Dios nos recompensará. Si alguna vez has dado diezmos y ofrendas y no has sido bendecido, puede ser que ésa sea la razón de no haber sido bendecido.

Otra razón por la cual Dios algunas veces no ayuda a la gente a prosperar se debe a que la gente está pecando por: pereza, alcoholismo, glotonería, o falta de honestidad. "Porque el bebedor y el comilón empobrecerán y el sueño hará vestir vestidos rotos" (Proverbios 23:21). "Un poco de sueño, cabeceando otro poco, poniendo mano sobre mano otro poco para dormir; así vendrá como caminante tu necesidad, y tu pobreza como hombre armado" (Proverbios 24:33-34). "Sabroso es al hombre el pan de mentira; pero después su boca será llena de cascajo . . . los bienes que se adquieren de prisa al principio, no serán al final bendecidos" (Proverbios 20:17, 21).

Ciertos pecados, de acuerdo con la Biblia, traen con ellos el castigo de la pobreza. Justamente así como Dios nos da más de lo que nosotros le damos mediante diezmos y ofrendas cuando hacemos bien, cuando hacemos mal Dios nos quita más de lo que lucramos con nuestros pecados. De la gente que hace mal, dice la Biblia: "Porque sembraron viento, y torbellino segarán" (Oseas 8:7).

Sin embargo, la razón más común por la que muchas veces la gente no prospera cuando da sus diezmos y ofrendas es la misma por la cual la gente no recibe muchas de las otras bendiciones de Dios: No ha creído que Dios hará lo que él dice que hará. Es aquí donde *lo que digas* es tan importante. Decir que Dios hará lo que él ha prometido que hará, edifica nuestro espíritu. Repítelo en voz alta. "Mi Dios suplirá todas mis necesidades; él dijo que lo pusiese a prueba y lo hice; estoy esperando que me devuelva muchas veces aumentado lo que yo he dado." Si continúas quejándote de pobreza, sólo *conseguirás* pobreza. Si por el contrario hablas de prosperidad, y has hecho tu parte de acuerdo con los principios de Dios de dar, entonces sí que conseguirás la prosperidad.

¿Por qué es que Dios bendice a algunas personas y no bendice a otras? La Biblia dice que cuando la gente oye la Palabra de Dios pero no cree en ella "no les aprovechó el oír la palabra, por no ir acompañada de fe en los que la oyeron" (Hebreos 4:2). A menudo yo también he sido culpable de no mezclar la Palabra de Dios con la fe.

Antes de emprender el viaje para una de mis cruzadas evangélicas por las Indias Occidentales, y estando próxima la fecha de partida, le dije a mi esposa: —Querida, queda menos de un mes para la fecha de nuestra cruzada por las Indias Occidentales y nosotros no tenemos ni un dólar todavía para ese viaje. Jesús dijo que es necesario sentarse y calcular el costo antes de tratar de construir una casa. Tal vez sería mejor que no fuésemos ahora, puesto que queda muy poco tiempo para recoger dinero para sufragar todos nuestros gastos de viaje.

Mi esposa, sin embargo, siempre ha poseído una fe inquebrantable y la creencia de que Dios hará cosas increíbles si nosotros demostramos una actitud positiva de fe. Ella respondió a mi idea negativa diciendo: —¡Vamos, Don, tú sabes que Dios nos ha encomendado esta misión. De ninguna manera podemos pasar por alto este viaje, puesto que no fuimos nosotros los que escogimos esta tarea. ¡Este es un llamado del Señor, y él proveerá!

Comencé a citar Filipenses 4:19: "Mi Dios, pues, suplirá todo lo que os falta conforme a sus riquezas en gloria en Cristo Jesús." Desde entonces, mientras iba conduciendo mi coche de un sitio a otro y muchas veces durante el día incesantemente afirmaba yo estas palabras, repitiéndolas una y otra vez: "Mi Dios suplirá todas mis necesidades." ¡Cómo libertaban mi espíritu aquellas palabras! Ellas fortalecían mi fe y cambiaban mi actitud. Repitiendo esta escritura a mí mismo, creyendo, y hablando a Dios se obró el milagro que necesitaba.

En dos misiones anteriores por las Indias Occidentales tuvimos que acortar nuestro viaje por falta de dinero para continuarlo. En este viaje, sin embargo, cumplimos con todo el programa porque Dios suplió absolutamente para todas nuestras necesidades. ¿Cuál fue la diferencia esta vez? Yo creo firmemente que reside en el hecho de que tenazmente nos aferramos a la Palabra de Dios, y Dios, escuchando *nuestras* palabras, se sintió debidamente obligado a realizar el milagro.

Mi esposa es una fuente constante de inspiración para mí en este asunto de que Dios suple nuestras necesidades. En 1961, mientras yo realizaba una cruzada, mi esposa e hijos residían en Victoria, Columbia Británica. Aun cuando el Señor bendecía maravillosamente la cruzada, la ofrenda de amor para apoyar mi ministerio era pequeña e inadecuada. Esto nos creó problemas financieros graves; necesitábamos con urgencia más dinero para pagar nuestras cuentas y para sufragar los gastos de manutención.

Durante un fin de semana fui a Victoria para visitar a mi familia brevemente antes de volver a la cruzada. En vista de que no tenía mucho dinero para dejar a mi esposa, comencé a sentirme frustrado. Pasamos la noche hablando a Dios, cara a cara.

Al fin, Joyce oró: "Amado Dios, Proveedor de todas nuestras necesidades, tú sabes que estamos con un gran problema aquí. Tenemos muy poco dinero. En realidad, no sé cómo nos vamos a arreglar *esta semana*. Tal vez es que tú no deseas más que Don continúe con esta cruzada. Si es así, nosotros lo comprenderemos. Tenemos la seguridad de que cualquiera que sea tu razón, tiene que ser buena. Entonces, si no suples nuestras necesidades, renunciaremos y dejaremos este ministerio a algún otro. Nosotros deseamos sólo lo que tú deseas."

Joyce, igual que Moisés en la antigüedad, había hablado desde lo profundo de su corazón a nuestro

Señor. Y yo estoy totalmente convencido, puesto que la confirmación no se hizo esperar, de que nuestro Padre celestial estaba muy complacido con su hija por haberle hablado tan libre y francamente. Las palabras de Joyce y la promesa de Dios determinaron la diferencia.

Aquella oración cambió la situación para nosotros, espiritual y financieramente. Nunca más estuvimos tan pobres, ya sea de fe como de finanzas.

Un día estaba yo en el aeropuerto de Tórtola, y comencé a hablar con un hombre que después supe que era vendedor. Al principio, nuestra conversación fue la de dos extraños, respecto al porqué de *mi* presencia allí y el motivo que lo había llevado a él a ese lugar. A medida que conversábamos, nos dimos cuenta de que ambos teníamos muchas cosas en común: ambos éramos creyentes. Finalmente, él me dijo que tenía una historia que deseaba contármela, algo completamente inexplicable y fuera de lo común.

—Yo no creo mucho en los sueños, —él me aclaró—, pero algo me sucedió hace unos pocos años que hasta este momento ha quedado como un misterio.

"Por algunos años" él continuó "yo había estado viajando en representación de una gran compañía mayorista de San Luis, Missouri. En una de mis rutas, tenía un viejo y muy especial amigo llamado el hermano Benton. Así lo conocían en el pueblo. El casi siempre tenía un pedido para mí. Pero aunque no lo tuviera, de todas maneras, era un placer para mí hacerle una visita. Siempre estaba tan alegre, y su conversación era tan agradable. Yo podía visitar a mis clientes solamente dos veces por año, y siempre esperaba con entusiasmo a que llegasen los días en que podría *verle*.

"En una de mis visitas me hizo un pedido mucho más grande que de costumbre y no vacilé en recomendar a la compañía para que le diesen atención especial a este pedido. Sabía que él era muy querido y respetado como verdadero creyente en su comunidad.

"El hermano Benton no vendía en su tienda bebidas alcohólicas ni tabaco. Siempre me decía que la Biblia condenaba ambos vicios y él no quería saber nada de ellos. Ninguna de las insistentes y ventajosas ofertas de descuentos hechas por las compañías vendedoras de tabaco y licor habían conseguido desviarlo de esos buenos principios.

"Después de seis meses de haberme colocado aquella orden grande, mi oficina principal me notificó que su cuenta se hallaba en mora y que debía visitarle tan pronto como me fuese posible a fin de cobrarle lo que debía. Me apresuré, recorriendo mi zona, para llegar cuanto antes y tratar personalmente este asunto. Cuando llegué a la tienda él no estaba allí. En su lugar había otro hombre. Fui entonces informado de que poco tiempo después de haberme colocado ese gran pedido, cayó enfermo, y que tanto él como los miembros de su familia habían estado enfermos en períodos diferentes por algún tiempo. La enfermedad de mi amigo había durado algunos meses, y aún se encontraba recluido en su casa. No lo vi personalmente, pero me hizo llegar un mensaje diciendo que ese asunto se arreglaría al fin satisfactoriamente.

"El había sufrido más pérdidas de las que se imaginaba; transcurrieron otros seis meses y la deuda continuaba impaga. Escribí a mi oficina principal y les expliqué exactamente cuál era la situación. En vista de esto suspendieron todo procedimiento legal contra él. Seis meses más volvieron a transcurrir y entonces mi oficina me ordenó que fuese inmediatamente al lugar ya sea para cobrar el dinero o entablar juicio contra él. No me quedaba ninguna alternativa; sin embargo, le digo a usted, me rebelaba en lo íntimo la idea de tener que proceder en contra del señor Benton.

"La noche antes de llegar a su pueblo, no pude dormir. Pasé varias horas dando vueltas en la cama, tratando de encontrar la forma de evitar el procedimiento legal contra mi viejo amigo. Yo sabía que él era un buen hombre y que no tenía culpa absolutamente de lo que le sucedía.

"Mientras me daba vueltas en la cama debí haberme quedado dormido porque soñé que estaba visitando a mi amigo y que nos hallábamos sentados en la sala de su casa rodeados de todos sus familiares. El se volvió hacia mí y me dijo. 'En este instante vamos a comenzar nuestro servicio religioso matinal y nos gustaría mucho que nos acompañase.' Yo le respondí: 'Con placer.'

"El dijo entonces: 'Vamos a leer el Salmo 23.'

"¡Comenzó a leer y me quedé sorprendido de las palabras que oía! Yo había aprendido aquel Salmo hacía mucho tiempo en la escuela dominical, y nunca me olvidaré que 'El Señor es mi Pastor'.

"Mi corazón se llenó de júbilo cuando escuché las palabras que él leyó, ¡aun cuando nunca antes las había escuchado en esa forma! El leyó: 'El Señor es mi Banquero; no fracasaré. El me hace acostar en minas de oro; él me da la combinación de su caja fuerte. El restituye mi crédito; él me enseña cómo evitar un juicio por amor a su nombre. Por eso, aunque camino en sombras de deudas, nada temo, porque tú estás conmigo; tu plata y tu oro me salvan. Tú preparas un camino para mí en presencia de los cobradores; tú llenas mis tanques con aceite y mi medida rebosa. Seguramente la bondad y la misericordia me seguirán por todos los días de mi vida; y yo haré negocios en el nombre del Señor.' Después de que hubo leído la Escritura, se arrodilló y oró. En mi vida nunca había oído tal plegaria. Casi me quedé sin respiración cuando él pidió al Padre celestial bendecirme porque era su amigo.

"Con su 'Amén', ¡me desperté de un salto!

"Yo había planeado con anterioridad visitar a mi amigo en su casa por la mañana temprano. Me levanté,

me vestí y llegué a su casa justamente cuando el sol
despuntaba.

Me recibió en la puerta con una sonrisa y un afec-
tuoso apretón de manos. Me dijo: 'Pase, llega a tiempo.
Estamos por empezar nuestras oraciones de la mañana
y nos agradaría muchísimo que nos acompañara.'
Me presentó a su esposa e hijos. Tomó su Biblia y
dijo: 'Vamos a leer el Salmo 23.' El leyó con voz clara
y fuerte pero exactamente como está escrito en la
Biblia. No puedo describir todo lo que yo sentía mientras él leía. Nos arrodillamos a orar y él, muy humildemente, hizo conocer a Dios sus deseos, sin embargo, su oración en nada se parecía a la que yo oí
en mis sueños, aun cuando en esencia expresaba los
mismos pensamientos. El le dijo al Señor que debía
dinero que no había podido pagar oportunamente; y
pedía a Dios que le indicase la forma que le permitiese pagar esa deuda ese mismo día. Luego oró por
mí. Mientras estaba allí arrodillado, decidí que por
una vez, en mi vida, ¡yo iba a desobedecer órdenes!

"Después de las oraciones, ambos nos dirigimos
inmediatamente a su tienda. En el momento que en-
trábamos, nos salió a recibir un joven diciendo: '¡Hermano Benton, mi padre me ha enviado a decirle que
él está interesado en comprarle la casa con el terreno de la cual hablaron el otro día. Me dijo que
le entregase este dinero y que el resto lo pagará cuando usted lo disponga!'

"El anciano tomó el dinero, y las lágrimas comenzaron a rodarle por las mejillas mientras él se daba
vuelta.

"Redactó y firmó un recibo por el dinero y se lo
entregó al joven. Luego tomó su libro mayor y comenzó a hacer cálculos. Después se volvió hacia mí
y me dijo: '¿Sería tan amable en cancelar esta cuenta?' Observé que él había añadido a la deuda principal los intereses por todos los meses que él no
había podido pagar. Cuando le informé que tenía ins-

trucciones de omitir los intereses, él no aceptó la oferta diciendo que deseaba pagar todo lo que era justo y que estaba agradecido por la prórroga que la compañía le había concedido. Tomé el dinero y lo envié a mi oficina en San Luis.

"En la misma hora que yo daba vueltas en mi cama esa mañana, mi viejo amigo había estado arrodillado en su cuarto, orando y solicitando un préstamo a su Banquero. Yo me sentí inmensamente feliz cuando él lo obtuvo y desde entonces, cuando me siento desalentado, aplico el Salmo 23 como un remedio."

Cuando todo va bien, es fácil llamar al Señor tu Pastor y prometer seguirle por todos los días de tu vida. Sin embargo, a todos nosotros nos llega un día cuando tenemos que caminar en el valle. *Entonces* es cuando Dios nos pone a prueba. El además desea oírnos decir: "Mi Dios suplirá todas mis necesidades", y efectivamente se hace cargo de ellas. La fe del hermano Benton estaba firmemente fija en Dios, y sus palabras lo probaron. Dios honró la fe del hermano, proveyendo para su necesidad.

DIOS DA RIQUEZA Y SALUD

Esta es una "frase poderosa" en la que algunos no confiarán fácilmente. Se ha llegado a pensar que "no es espiritual" poseer riquezas. Y aún el don de la salud que nos da Dios, generalmente se mira como que no es probable obtener.

La palabra "riqueza" significa recursos, medios para pagar nuestras obligaciones. Dios no promete hacernos millonarios. Pero él sí suple todas nuestras necesidades (Filipenses 4:19) y asegura nuestra prosperidad y buen éxito si vivimos pendientes de su Palabra (Josué 1:8). Deléitate en la Palabra de Dios, medita en ella, y Dios dice que todo lo que hagas prosperará (Salmo 1:1-3).

Jesús dijo: "Mas buscad primeramente el reino de Dios y su justicia, y todas estas cosas serán añadidas" (Mateo 6:33). Aquí Jesús se refería a los bienes materiales (comida, vestuario, abrigo). Jesús *no* dijo que si buscamos primero el reino de Dios, todas estas cosas os serán *quitadas*. No; él dijo que todas estas cosas, nuestras provisiones materiales, *¡NOS SERAN AÑADIDAS!*

La Biblia dice: "El (Dios) te da el poder para hacer las riquezas" (Deuteronomio 8:18). Y es obra de Satanás empobrecer nuestras vidas, arruinar nuestra efectividad cristiana para pagar nuestras obligaciones. Satanás trata de hacernos quedar mal con nuestros acreedores. ¡Hay que estar de acuerdo con Dios y no creerle al diablo!

Dios dice: "Amado, yo deseo que tú seas prosperado en todas las cosas, y que tengas salud, así como prospera tu alma" (3 Juan 2). Este es el "gran deseo" de Dios para nosotros, sus Hijos, que prosperemos y que tengamos salud, *¡ASI COMO PROSPERAN NUESTRAS ALMAS!* ¿Y cómo prosperan nuestras almas? (1) Mediante nuestras oraciones espirituales y una vida digna de alabanza; (2) Mediante el estudio de la palabra de Dios y la confesión franca de las Escrituras; (3) Mediante el testimonio a los demás, con nuestras vidas y labios, de lo que Cristo ha hecho por nosotros.

Cuando tantos pueblos de Dios están afligidos y pasando pobreza, y la obra de Dios está paralizada en algunas partes por falta de dinero, es éste el momento para que afirmemos las Escrituras mencionadas aquí, para recibir el beneficio de los dones de Dios de la riqueza y la salud.

Diariamente repite con convicción: ¡DIOS ME DA RIQUEZA Y SALUD!

Capítulo Nueve

COMO ECHAR FUERA LOS ESPIRITUS MALOS

—Eran las tres de la mañana —dijo Earl Britain—. Me di media vuelta en la cama y extendí la mano para tocar a mi esposa. ¡Ella no estaba allí!

Con estas palabras mi amigo comenzó su relato de cómo aprendió a dominar al diablo.

"Pensé que ella debía haberse levantado por alguna razón" él continuó. "Estaba preocupado, pues ella había estado actuando en forma extraña durante semanas. Rápidamente la busqué en los otros dormitorios y en el baño. Luego corrí al sótano para ver si había bajado hasta allí por alguna razón. ¡Pero mi esposa no se encontraba en ninguna parte de la casa!

"Se me oprimió el corazón. Ella había estado enferma, y durante los últimos meses parecía sufrir mentalmente. Parecía no tener interés en vivir. A pesar de que yo había orado mucho, ella había empeorado visiblemente. Nada de lo que yo dijese o hiciese parecía tener algún efecto sobre mi esposa.

"Corrí al dormitorio, y rápidamente me puse la ropa y los zapatos. Agarré un abrigo y me dirigí a la puerta principal. Durante todo ese intervalo de tiempo me mantuve repitiendo: '¡Dios mío, líbrala de cualquier peligro; por favor no permitas que llegue a lastimarse!'

"Cuando abrí la puerta para salir, mi esposa estaba allí, de pie, mojada, con los ojos desorbitados, y con su cabellera cayéndole sobre el rostro. Ella había estado afuera bajo la lluvia vistiendo únicamente la camisa de dormir y las zapatillas, que las tenía ahora empapadas y enlodadas.

"Me acerqué a ella y la atraje hacia mí tratando de serenar la ansiedad de mi voz, preguntándole al mismo tiempo, '¿Dónde has estado? ¡Me has tenido preocupado!' Me respondió que había salido a dar un paseo por el bosque; que no tenía sueño y que había pensado que le haría bien.

"Mi esposa nunca había hecho algo tan peligroso como esto. Por la expresión extraña de sus ojos y por el total desconocimiento de la gravedad de lo que había hecho llegué a temer que estuviese muy mal; en realidad parecía estar próxima a sufrir un colapso.

"La rodeé con mi brazo y la hice entrar al dormitorio. Permanecí junto a ella hasta que se puso ropa seca y se metió a la cama. Cuando percibí de que se había dormido, me levanté. No podía dormir. Ni siquiera podía estar quieto. Innúmeras preguntas cruzaron por mi mente: '¿Qué le irá a suceder? ¿Qué hará ella? ¿No hay respuesta?' Algo tenía que hacerse, ¿pero, *qué*? Yo había estado pidiendo a Dios que la ayudase: 'Cúrala, Dios mío, por favor, cúrala. Hazlo, Señor; hazlo, en nombre de Jesús.' Yo había orado insistentemente pidiendo su sanidad.

"De pronto recordé la escritura: "He aquí os doy potestad ... sobre toda fuerza del enemigo" (Lucas 10:19). Es posible que Dios estuviera sugiriéndome que enfrentase este problema de otra manera. Quizá yo debía usar hasta lo último de mi poder antes de pedir su ayuda. Entonces me puse a orar pidiendo a Dios que me guiase.

"Mientras caminaba por el cuarto a esas horas de la madrugada, buscando alguna respuesta de Dios, algún arma para usar contra el diablo, pues yo tenía la certeza de que él estaba subrepticiamente obrando en contra de la salud de mi esposa, estas palabras de Jesús vinieron a mi mente: "Porque viene el príncipe de este mundo, y él nada tiene en mí" (Juan 14:30). Como el ahogado que se agarra desesperadamente del salvavidas que se le arroja, yo me agarré de estas palabras.

"Cambié de actitud. Esta vez mis palabras no imploraban. Tampoco eran palabras de alabanza. Porque esta vez yo me dirigía al diablo. Una vez tras otra le decía a Satanás: 'Tú no tienes poder sobre ella. Tú no tienes nada en ella. Ella no se pertenece a sí misma. Ella pertenece a Jesucristo, quien pagó un precio por ella. Tú eres un intruso.'

"Mientras caminaba de un lado al otro del cuarto, no paraba de repetir estas frases en voz muy alta. Luego me puse más agresivo. Posiblemente lo que había abierto la puerta a Satanás en nuestra casa ¡no tenía que ver con mi esposa sino conmigo! ¡Tal vez era *mi alma* lo que él buscaba! El sabía del gran amor y preocupación que yo sentía por ella, y hasta casi parecía que trataba de negociar conmigo usándola a ella como precio.

"Entonces fue cuando cobré más y más arrojo. 'Nunca tendrás algo de *mí*. Ambos pertenecemos a Jesús. Nuestras vidas y nuestros bienes están dedicados a él. Tú no tienes poder sobre ninguno de nosotros. Tú no tienes poder sobre nada en esta casa, tú no tienes nada que hacer aquí.

"Física, mental y espiritualmente batallé por una hora, diciéndole al diablo que mi sangre y la de mi esposa eran bienes comprados por Jesucristo. Sentí entonces claramente la presencia del diablo en esa sala. Tenía la certeza de que me encontraba cara a cara con él. Pero, al mismo tiempo, me daba cuenta de que yo tenía el poder de Jesús para enfrentar y alejar al enemigo. Mi poder era superior al de mi enemigo y Jesús me había dicho que nada, por ningún motivo, me dañaría (Lucas 10:19).

"Finalmente, a medida que la seguridad de la victoria que Jesús me impartía, se apoderaba de mi cuerpo y de mi mente, caminé hacia la puerta, la abrí, y me dirigí al diablo, exactamente como si él hubiese estado allí materialmente presente. 'Yo te ordeno en el nombre de Jesús, que te vayas.'

"¡Y él se fue! Inmediatamente, sentí que su presencia se esfumaba de la habitación. Esa fue una sensación tan clara como la que había experimentado anteriormente cuando percibí su presencia en mi espíritu; ahora también mediante mi espíritu yo sabía con toda seguridad que el diablo se había ido. Parecía que el cuarto que poco antes había estado deprimentemente obscuro de repente se hallase completamente iluminado.

"Caminé hacia el dormitorio y me dirigí a la cama de mi esposa. Ella se había despertado al oírme hablar en alta voz; pero en su faz había una sonrisa y una luz iluminaba su mirada. ¡Hacía mucho tiempo que no veía esa luz en sus pupilas! Hoy ella está mentalmente tan saludable como lo estuvo desde aquel instante, aquella mañana cuando Jesucristo nos demostró su victoria sobre el diablo."

Mi amigo Earl Britain aprendió que las fuerzas del diablo están aumentando, y que hechos extrañamente peligrosos ocurren en todas partes del mundo. Por eso en estos últimos tiempos es importante tener siempre presente la promesa de Dios cuando dice: "Vendrá el enemigo como río, mas el Espíritu de Jehová levantará bandera contra él" (Isaías 59:19). Debemos, valientemente, encarar el hecho de que Satanás, en estos últimos tiempos, está haciendo su más vil y más fuerte trabajo; pero también debemos recordar que el Espíritu de Dios es más fuerte que el del enemigo.

Como creyentes no necesitamos preocuparnos de Satanás, o sentirnos desalentados por sus tácticas, por el contrario, tenemos el derecho y el deber de desafiar al diablo con arrojo en el nombre de Jesús. "En mi nombre", Jesús prometió, "echarán fuera demonios" (Marcos 16:17). Tenemos el poder del nombre de Jesús a nuestra disposición.

Algunas veces Satanás trata de engañarnos induciéndonos a creer que el pecado es un placer. Desgraciadamente, es placer únicamente al principio, antes de verificar que nos hemos convertido en su esclavo. En realidad, los demonios andan detrás de las actividades ateas y de los elementos destructivos que abundan en el mundo de hoy. Los demonios despiertan en el hombre la afición a la bebida, a las drogas, y a la delincuencia; todo eso causa que la gente se descontrole y cometa actos vergonzosos de inmoralidad; los demonios desbaratan hogares y arruinan matrimonios; los demonios siempre contribuyen a los grandes pesares, a la amargura, dolor, violencia y confusión que cada día aumenta alrededor nuestro.

Hasta los hombres de ciencia, los siquiatras y los médicos reconocen que alguna fuerza sobrenatural y extraña se ha desatado en esta hora crítica. Especialmente nosotros los creyentes no debemos ignorar las tretas que Satanás usa para torcer y confundir la mente humana, para saturar las vidas de corrupción y suciedad, y arrastrar las almas en una eternidad sin Cristo donde hay "lloro, y crujir de dientes".

Necesitamos reconocer a nuestro enemigo por lo odioso y feo que es él, causante del sufrimiento y dolor del mundo. Sólo así podremos luchar osadamente contra el diablo y sus demonios usando nuestras armas de guerra: la Palabra de Dios, el nombre de Jesús, la sangre de Cristo. El diablo es nuestro adversario; él es el ladrón que viene a robar, matar y

destruir. La Biblia dice que el diablo es nuestro enemigo y debemos tratarlo como tal.

Sin embargo, muy poco es lo que se enseña en
cuanto a esto. Una gran parte del ministerio de Jesús,
más o menos una cuarta parte, se dedicó a echar
fuera los demonios. Podríamos hasta llegar a pensar
algunas veces, cuando escuchamos un sermón cualquiera, que los demonios ya no existen o que se han
aglomerado alrededor de los barrios bajos de la ciudad
o se encuentran engañando a los miembros de alguna
otra denominación.

No puedo concebir que se pueda trabajar hoy con
éxito, o que los creyentes puedan salir siempre victo-
riosos, a menos que conozcan que la fuente de sus
peligros está en el poder del diablo y que nuestro
poder para dominarlo está en el nombre de Jesús
de Nazaret, el Hijo de Dios.

Cuanto más pronto reconozcamos que hasta el mismo
aire que nos rodea está lleno de fuerzas hostiles que
atentan destruir nuestra asociación con nuestro Padre
celestial y privarnos de nuestra *utilidad* en su servicio,
tanto mejor será para nosotros. Ignorar la existencia
de los demonios sólo le da al adversario una mayor
ventaja sobre nosotros.

En mis viajes como evangelista he descubierto que
la gente está ansiosa de pertenecer al Señor; desea
salvarse; pide humilde pero vehementemente una vida
eterna, pero es incapaz mucha de ella, de romper las
cadenas que atan al pecado.

Cientos de personas han expresado su sincero deseo
de salvarse. Han dicho: "No puedo hacerme cristiano,
aunque lo deseo, porque hay algo que me lo impide."
Me encontré con un joven como éste en Lodi, California. El deseaba salvarse, pero un poder invisible
lo retenía. Yo simplemente le coloqué la mano sobre
el hombro y le dije: "En el nombre de Jesucristo,
yo ordeno que se rompa el poder que te retiene. Ahora

en su nombre poderoso, oremos." Con lágrimas de alegría él obedeció.

Después de que ese hombre se salvó, yo me quedé maravillado por el efecto. Un sentimiento de temor reverente me invadió al descubrir que era capaz de ejercer, mediante una simple orden en el nombre de Jesús, este maravilloso poder y desde aquel momento, he venido verificando muchos resultados asombrosos en los servicios de evangelización mediante el uso de su nombre.

"En mi nombre tú echarás fuera a los demonios." En el nombre de Jesús hemos roto el poder de los demonios en nuestras reuniones, en los hogares, y algunas veces en comunidades enteras.

Como creyentes, nuestro combate no es contra carne y sangre, sino contra los principados y poderes de los lugares celestiales; nuestra guerra es contra los demonios de todas las categorías, clases y autoridades. Ellos están atacando a la humanidad entera, y especialmente están desafiando a los hijos de Dios.

He orado con hombres que estaban aherrojados por vicios como el tabaco, licor, lujurias, y en el nombre poderoso de Jesús los he visto libertarse, casi siempre en el mismo momento.

He encontrado a muchos creyentes que eran incapaces de testificar con libertad, en las reuniones públicas, personas que sentían sellados sus labios mientras que sus corazones clamaban pidiendo libertad. Siempre he usado el nombre de Jesús y he ordenado que se rompa el poder del diablo y los testimonios han sido restituidos, dado el poder de la oración. ¡Cuánta alegría viene a nuestras vidas mediante el nombre liberador de Jesucristo!

Tres cosas se necesitan para libertarse y para vencer a los demonios:

Primero, debemos ser hijos de Dios.

Segundo, no debemos guardar en nuestros corazones ningún pecado sin confesar o perdonar, porque si así fuese, los demonios se burlarán de nuestras oraciones.

Tercero, debemos conocer el poder del nombre de Jesús y aprender a usarlo. Lee cuidadosamente el libro de los Hechos y nota cómo usaban los discípulos su nombre.

Si tu propia vida ha sido derrotada y te sientes acorralado por el poder del adversario, levántate en el nombre omnipotente de Jesús: lánzate contra el enemigo haciéndolo retroceder; ¡consigue tu liberación y a liberar a otros!

Casi nunca había orado por los enfermos para echar fuera demonios durante mi ministerio, hasta que recibí la revelación de la autoridad del nombre de Jesús.

Cuando aprendemos a usar el nombre de Jesús de acuerdo a la Palabra, con el poder del Espíritu, tenemos el secreto que conmovió al mundo a través de los apóstoles.

En 2 Tesalonicenses 1:12, Pablo ora "que el nombre de nuestro Señor Jesucristo sea glorificado en vosotros, y vosotros en él". ¿Cómo podía su nombre ser glorificado más en nosotros que usándolo como lo usó la iglesia primitiva?

COMO ECHAR FUERA A LOS MALOS ESPIRITUS

1. Conoce a tu enemigo. "No ignoremos sus maquinaciones" (las de Satanás) (2 Corintios 2:11). Aprende mediante el Espíritu a distinguir la presencia y la obra de los espíritus malignos (1 Corintios 12:10).

2. Conoce tus derechos. Tú eres *vencedor* porque has vencido todas las maquinaciones de Satanás por medio de la sangre del Cordero y de la palabra de tu testimonio (Apocalipsis 12:11). Cristo te ha dado poder y autoridad sobre toda fuerza del diablo (Lucas 10:19); atrévete a usarlos.

3. Tu razonamiento para conseguir una victoria segura es de que Jesús derrotó a Satanás y le quitó toda autoridad, y se constituyó en el eterno Vencedor. "Cristo está en ti" es lo que cuenta en esta verdad inamovible: "Mayor es el que está en vosotros, que el que está en el mundo" (1 Juan 4:4). Diariamente usa esta verdad como tu testimonio personal.

4. Con valentía repite la Palabra de Dios contra Satanás, como lo hizo Jesús (Mateo 4). La Palabra es el arma número uno (2 Corintios 10:4). Cuando el enemigo se acerca como un río, el Espíritu de Jehová levantará bandera; así se usa la Palabra contra él (Isaías 59:19). ¡Proclama la Palabra en alta voz y a menudo para ahuyentar al enemigo!

5. Hay cautivos alrededor de ti que deben "ser desatados" de cada una de las cadenas de Satanás (Lucas 13:16). En el poderoso nombre

de Jesús, tú puedes convertirte en un instrumento de Dios para libertar a la gente de toda clase de espíritus malignos.

6. Jesús dijo: "En mi nombre echarán fuera demonios" (espíritus malignos) (Marcos 16: 17). Di: "En el nombre de Jesús, yo les ordeno, espíritus malignos que salgan." Mantente en tu terreno sin temor y sin vacilar. Los espíritus malignos saben que deben someterse al nombre de Jesús. Lee Filipenses 2:9-11.

7. Niégate a ser el "basurero" de Satanás en donde los espíritus malignos producen desórdenes mentales y nerviosos, tristeza, desánimo y depresión, enfermedades físicas y afecciones, ataduras espirituales. "Resistid al diablo, y huirá de vosotros" (Santiago 4:7).

8. Proclama el poder de la sangre de Jesús. Vive bajo la sangre caminando en luz. "Como él está en luz, tenemos comunión unos con otros, y la sangre de Jesucristo su Hijo nos limpia de todo pecado" (1 Juan 1:7). Valientemente usa la Palabra de Dios contra Satanás. Estamos librando una verdadera batalla (Efesios 6:12-16). Echar fuera a los malos espíritus es actuar en el invisible "reino del espíritu, donde tú descansas sobre la unción del Espíritu Santo como lo hizo Jesús. Lee Lucas 4:18-19 y Hechos 10:38. Vístete con toda la armadura de Dios. Vuélvete audaz contra los malos espíritus en el nombre de Jesús. Tú eres más que vencedor mediante Cristo (Romanos 8:37). ¡La victoria es segura por medio de Jesús!

Capítulo Diez

¿QUE HAY EN UN NOMBRE?

"En el nombre de Jesús, yo te reprendo espíritu de enfermedad, y te ordeno que salgas de este cuerpo."

Estas fueron las inolvidables palabras de William W. Freeman, pronunciadas en el momento en que oraba por mi madre, en mayo de 1948. Mi madre dejó la plataforma como si tuviera un resorte en sus pies; yo estaba tan emocionado que me levanté del asiento para ir a su encuentro en la mitad del camino en el pasillo.

—¿Cómo estás, mamá? —le pregunté ansioso.

—¡Perfectamente! —me contestó mi madre con lágrimas que rodaban por las mejillas—. Sentí como si algo caliente me corría por toda la espalda; ¡yo sé que el Señor me ha curado!

Aquel milagro que recibió mi madre fue por cierto conmovedor. Despertó la fe de toda la gente que asistía a la reunión. Y para mí, personalmente, ésa era una forma de responder de Dios a mis súplicas por la salvación de mi familia. Cuando vio la transformación que se operó en el cuerpo de mi madre, mi familia aceptó gustosa que Jesús fuese su Salvador personal. Este no era el primer milagro obtenido en el nombre de Jesús que yo había presenciado. Hacía poco tiempo, había asistido en compañía de amigos a las reuniones de sanidad del doctor Thomas Wyatt en Portland, Oregon, donde el evangelista Freeman estaba predicando. Allí por primera vez, había encontrado el poder del nombre de Jesús. Cuando el hermano Freeman había ordenado a las enfermedades y aflicciones que saliesen del cuerpo de las personas, yo vi la evidencia del enorme poder que reside en el nombre de Jesús.

En Hechos 3:16 Pedro explica la curación del lisiado en la puerta Hermosa: "Y por la fe en su nombre, a éste, que vosotros veis y conocéis, le ha confirmado su nombre; y la fe que es por él ha dado a éste esta completa sanidad en presencia de todos vosotros."

El nombre de Jesús había forjado un milagro en el lisiado, y es la fe en este nombre que da resultados sobrenaturales cuando usamos ahora este nombre.

Un año más tarde, en 1949, el hermano Freeman me invitó a viajar con él en sus gigantescas cruzadas que estaban conmoviendo ciudades, las cuales oían de Cristo. El hermano Freeman usaba sin temor el nombre de Jesús al oficiar en toda clase de casos. El servicio en general seguía este orden:

Predicaba el evangelio con profunda unción. Era estrictamente un mensaje de salvación para ganar a aquellos que aún no eran salvos. El siempre resaltaba la importancia de la salvación del alma, aún anteponiéndola a la curación del cuerpo. "Lo primero es primero", él insistía pues estaba acostumbrado a que el Espíritu Santo influyera en centenares para recibir al Salvador por medio de la fe.

Luego pedía que se acercasen los que eran totalmente sordos de uno o de ambos oídos, ciegos de uno o de los dos ojos, los que no tenían el sentido del olfato o del gusto; también llamaba a los que estaban padeciendo de cáncer, tuberculosis, tumores y quebraduras.

Generalmente, alrededor de doscientas personas respondían a esta invitación. Entonces el hermano Freeman y yo caminábamos en medio de esta gente. Mediante el don del Espíritu, él podía percibir quién estaba "listo" para recibir el milagro. Luego los enviaba a la plataforma. (Más tarde, aprendí a ejercer este mismo don del Espíritu para "saber" quién estaba listo, y quién tenía que esperar todavía por un tiempo.)

Una vez en la plataforma, el hermano Freeman comenzaba generalmente con alguien que estuviese totalmente sordo de un oído.

Literalmente centenares de veces le oí mientras decía estas palabras: "En el nombre de Jesús asumo el poder y el dominio sobre vosotros, espíritus de sordera. En el nombre de Jesús, yo os ordeno, espíritus sordos, salir de este oído. Ahora, hermano, a ti te ordeno recibir tu sentido auditivo y que seas completamente sanado.

Los resultados no dejaban dudas. Persona tras persona, cuando se las sometía a examen, demostraban que no obstante haber estado sordas de ese oído, ahora podían oír perfectamente. "¡Y su nombre, y la fe en su nombre ha dado a este hombre completa sanidad!"

Lo mismo ocurría cuando oraba por la sanidad de otras enfermedades. Los ciegos recuperaron la vista, y las quebraduras, tumores y bocios desaparecieron por medio del poder del nombre de Jesús, pronunciado por un siervo de Dios.

Yo presencié sanidades y milagros de toda clase en los meses en que estuve viajando con el hermano Freeman en 1949. Luego Joyce y yo nos casamos en 1950. Después de nuestra luna de miel, fuimos con el hermano Freeman a Los Angeles donde él usó la misma tienda enorme que Billy Graham había usado el año anterior para su histórica cruzada.

Había 7.000 asientos en la tienda o carpa. Todas las noches, durante las cinco semanas completas, estas sillas estuvieron ocupadas y casi siempre miles de personas se quedaron afuera de la tienda, de pie.

Nuevamente vi el poder del nombre de Jesús en acción, pues se realizaron allí tremendos milagros.

Yo estaba totalmente convencido de la existencia de poder en el nombre de Jesús, puesto que se producían milagros sorprendentes. Pero siempre pensé que el uso de ese nombre con resultados tan efectivos estaba limitado a un hombre como el hermano Freeman, porque él había visto a un ángel y escuchado la voz de Dios ordenándole que orara por la sanidad de los enfermos. Yo reconocía el nombre de Jesús, y admiraba la autoridad conferida a ese nombre. Oraba al Padre en ese nombre. Pero no tenía la misma confianza o fe en el nombre de Jesús que tenía el hermano Freeman.

En abril de 1951, fui invitado a dirigir una cruzada en una iglesia. Estaba anhelando un avivamiento del poder de Dios, pero me parecía que no lo conseguiría. Una mañana, me levanté temprano y le dije a mi esposa que me iba a la iglesia para "orar hasta que Dios me visitara".

Estuve arrodillado durante dos horas orando fervientemente. Mientras estaba postrado ante Dios, por su Espíritu, me levanté y me senté en el altar donde había estado arrodillado. Francamente, sentí una profunda desilusión de que Dios no me hubiese visitado mientras yo suplicaba con tanto fervor.

Luego abrí la Biblia en el capítulo dos de Filipenses y comencé a leer. Cuando leí los versículos 9 al 11, mi corazón se iluminó por este pasaje: "Por lo cual Dios también le exaltó hasta lo sumo, y le dio un nombre que es sobre todo nombre, para que en el nombre de Jesús se doble toda rodilla de los que están en los cielos, y en la tierra, y debajo de la tierra; y toda lengua confiese que Jesucristo es el Señor, para gloria de Dios Padre."

A medida que leía y volvía a leer este pasaje, el Espíritu Santo derramaba una revelación asombrosa sobre mi entendimiento. ¡Dios el Padre había exaltado tanto a su Hijo Jesús, que le había dado un nombre sobre todos los nombres del cielo, tierra e infierno! ¡*Todos* los que están en el cielo, tierra e infierno deben doblar la rodilla ante el nombre de Jesús!

Me puse a reflexionar sobre los grandes nombres de la historia; los grandes nombres de nuestros días; los grandes nombres que fueron símbolo de riqueza, posición, fama. Pero Dios había decretado que el nombre de Jesús sería supremo sobre todos estos nombres. ¡Aleluya! Apenas si podía comprender todo lo que me había revelado. Aunque "la visita de Dios" no me había llegado esa mañana en forma de un ángel, o la voz audible de Dios, por cierto, él sí me visitó mediante su divina Palabra a través de la revelación del Espíritu Santo. ¡Nunca más podría yo ser el mismo de antes! "Si el nombre de Jesús es superior a todos los nombres o cosas", razoné, "entonces yo puedo sanar enfermedades, echar fuera demonios y subsanar dificultades en el poder de este nombre."

Con mucha ansiedad esperaba la oportunidad de ejercer esta nueva fe que acababa de poseer, en que pudiese pronunciar el nombre de Jesús lleno de fe exactamente como lo había visto hacer miles de veces, al hermano Freeman.

No pasó mucho tiempo antes de que tuviese la oportunidad de pronunciar el nombre de Jesús contra un formidable destructor. Recibí un llamado telefónico de una señora a quien conocíamos como la abuelita Davis.

—Hermano Gossett, le estoy llamando porque me informaron de que usted ha viajado con el hermano Freeman —comenzó diciendo—. Mi nieto ha sido desahuciado y morirá debido a tumores cerebrales. Sus padres van a traerlo aquí a mi casa el domingo por la tarde.

La abuelita Davis continuó explicándome: —Ahora bien, puesto que usted ha visto cientos de personas que se han curado después de que el hermano Freeman ora, yo creo que debo llamarlo a usted para que venga a orar por mi nieto.

¡Tumores cerebrales! ¡Desahuciado! Aquellas "cosas" entran en la categoría sobre las que Dios nos había concedido poder en el nombre de Jesús. Estaba ansioso de pronunciar ese nombre contra los tumores cerebrales.

Cuando Joyce y yo entramos en la casa de la señora Davis aquella tarde del domingo, nos encontramos con un "ambiente de funeral". El nieto de nueve años de edad había sido desahuciado de los médicos; los miembros de la familia se habían reunido para ver al muchacho vivo quizá por última vez, puesto que la muerte sobrevendría en cualquier momento.

Este ambiente de tristeza no consiguió disminuir en lo más mínimo la confianza que tenía en el nombre de Jesús. Prontamente coloqué mis manos sobre el muchacho, y alcé la voz con toda autoridad. "En el nombre de Jesús, reprendo estos tumores cerebrales. A vosotros, inmundos espíritus de aflicción, os ordeno en el nombre de Jesús aflojar vuestras ataduras fatales y dejar para siempre el cuerpo de este muchacho."

¡Alabado sea el Señor! Aún cuando no se manifestaban evidencias exteriores de que se hubiese obrado un milagro, yo estaba convencido de que interiormente ese milagro se estaba realizando. Salí de esa casa sabiendo que me había comprometido en un caso de vida o muerte, pero estaba en paz con mi conciencia.

Conocía bien el poder del nombre de Jesús para desvanecer hasta los tumores fatales.

Poco tiempo después los padres llevaron al muchacho de vuelta al hospital, donde fue sometido a nuevos exámenes. Para sorpresa de los especialistas, no se encontró ningún rastro de tumores cerebrales. ¡El nombre de Jesús había triunfado!

"Y su nombre, por la fe en su nombre; este hombre se ha sanado."

Muchos años más tarde, me encontré con el tío de este muchacho. El vino a mi cruzada e hizo público el testimonio de este milagro. Nos refirió que el muchacho se había casado y tenía familia. ¡Y se había llegado a suponer que moriría a la edad de nueve años!

Me integré nuevamente a las cruzadas del hermano Freeman bajo la enorme tienda en Fresno y Modesto, California, donde muchísimas iglesias se unieron para la cruzada de evangelismo. Dos veces al día estaba ocupado dirigiendo programas radiales en conexión con las cruzadas en las estaciones de radio de Lodi y Modesto.

Guiando por la autopista, me regocijaba pensando en el bendito nombre de Jesús y cantando durante horas alabanzas al nombre de Jesús en cantos y coros.

¡Tan dulce el nombre de Jesús!
Sus bellas notas al cantar,
Que mi alma llena al proclamar,
El nombre de Jesús.

Cierta mañana había finalizado mi programa en la estación de radio KCVR, de Lodi. En el momento en que me preparaba para entrar a la autopista, vi a un joven pidiendo de favor un viaje en auto. Tuve entonces un presentimiento de que debía ofrecerle ese viaje.

—¿Hasta dónde va? —le pregunté.

—Como a quince kilómetros de aquí —me respondió.

Eso me iba a tomar unos quince minutos en llegar, por lo que comencé a hablarle de Jesús.

Inmediatamente respondió: —Me gusta que me hable de religión. Siempre he deseado hacerme cristiano.

Yo estaba encantado. Por lo general encuentro oposición o indiferencia cuando hablo a otros de Jesús. El joven siguió explicando: —Yo asistí a una escuela dominical cuando era niño. Y entonces oí hablar acerca de nuestra salvación. Yo siempre deseé salvarme, pero no sé por qué no puedo salvarme.

Sinceramente él creía que estaba predestinado a estar perdido eternamente. En alguna parte había oído la falsa enseñanza de que hay individuos predestinados a salvarse, pero que hay otros individuos que están predestinados a perderse.

Con mucho tacto traté de informarle sobre lo que dice la Biblia de que "todo aquel que quiera" puede salvarse. Pero mis palabras no le convencían. Le habían hecho creer con engaño que él estaba condenado a estar separado eternamente de Dios porque así estaba predestinado mucho antes de que él naciera.

Al fin, llegamos a su punto de destino. Guié el automóvil hacia la orilla del camino y le dije: —No es por pura casualidad o accidente que yo lo recogí esta mañana en el camino. El Señor le ama y desea salvarlo. He compartido con usted algunos versículos bíblicos que lo prueban. Ahora mismo, por fe entregue su vida a Cristo aquí en mi automóvil.

El hombre se agarró la manija de la puerta diciendo: —No, gracias, me hubiera gustado salvarme, pero eso no puede ser. Gracias, de todas maneras — y movió tristemente la cabeza.

De repente, el Espíritu Santo me mostró cuál era la situación: Aquí estaba un hombre que deseaba a Jesús. El Señor no salva a nadie contra su voluntad. Cada individuo es un agente moral libre de aceptar o rechazar a Jesucristo. Este hombre estaba pidiendo humilde pero vehementemente la vida eterna.

Me quedé sorprendido cuando el Espíritu me reveló el vil trabajo del diablo, que enceguece la mente y los ojos para no dejar ver la verdad. Antes de abrir la puerta para salir, me oí diciendo estas palabras ungidas por el Espíritu:

"Diablo, en el nombre de Jesús, quita tus manos de este hombre. El desea la salvación de Jesucristo, y tú lo has engañado por mucho tiempo."

No bien había acabado de pronunciar esta orden cuando el hombre se volvió hacia mí, con lágrimas en sus ojos. —Estoy listo para orar —exclamó ansiosamente.

Y oramos juntos. Lo guié a Jesucristo como su Salvador personal y Señor de su vida. Se puso feliz. La presencia de Dios nos rodeó en aquella cuneta del camino que fue nuestro lugar de oración.

Después de aconsejar al joven nuevamente e instruirle mediante la Biblia sobre lo que le había sucedido en su vida, me despedí de él.

Mientras me alejaba guiando mi automóvil iba desconcertado ante la realidad de que había podido ejercer la autoridad en el nombre de Jesús, autoridad que pudo librar a un hombre joven, en un instante, del control satánico.

Posteriormente, ensayé hacer uso de esta autoridad con grupos completos. Por ejemplo, había observado que una larga fila de personas, que estaban bajo la convicción del Espíritu Santo, sin embargo, no estaban respondiendo a la invitación. Entonces yo dejaba la plataforma, caminaba hacia la parte de atrás de la iglesia y los invitaba a venir a Cristo.

Entonces yo pronunciaba estas palabras: "En el nombre de Jesús, ordeno que el poder de Satanás se quebrante en cada una de vuestras vidas. Ahora en el poderoso nombre de Jesús, venid a recibir al Salvador!"

Alabado sea el Señor, casi la totalidad de ellos respondían todas las veces.

Esto mismo he hecho con grandes audiencias de personas que necesitaban salvarse. En cuanto yo pronuncio el nombre de Jesús, ordenando que se rompa el dominio satánico, los que desean salvarse responden y vienen para renacer.

He presenciado miles de sanidades milagrosas que se han producido después de que se ha pronunciado el nombre de Jesús. Primero, durante los cinco años que participé en aquellas maravillosas cruzadas con William W. Freeman, y luego, vi milagros semejantes cuando estuve escribiendo para el evangelista Jack Coe. En 1959-60 fui editor del *Faith Digest*, una revista de T. L. Osborn. Presencié que la misma autoridad ejercida en su ministerio daba como resultado que se conmoviera toda la nación.

En mi propio ministerio, he orado por cientos de personas que habían estado totalmente sordas de uno o ambos oídos, hablándoles en el nombre de Jesús.

He visto a centenares de víctimas de la artritis curadas por este nombre.

En las cruzadas de ultramar, donde se reúnen las masas para escuchar el evangelio, generalmente he pronunciado una oración en masa para todos los enfermos. Después que yo con toda firmeza pronuncio el nombre de Jesús, mucha gente declara haber recibido sanidad maravillosa e instantánea.

Los creyentes no usamos el nombre de Jesús como un fetiche o amuleto. Nosotros pronunciamos su nombre con inteligencia, basados en las instrucciones precisas que nos proporciona la Palabra de Dios.

EL NOMBRE DE JESUS

1. Porque Dios había exaltado tanto a su hijo que le había dado un nombre sobre todo nombre en el cielo, la tierra y el infierno (Filipenses 2:9-11). Yo pronuncio su nombre con intrepidez para dominar a todos los otros nombres.

2. Todo lo que yo pido en su nombre él lo hará, para que el Padre sea glorificado en el Hijo (Juan 14:13). Yo con toda confianza hablo en su nombre, para que el Padre sea glorificado.

3. Porque "si algo pidiereis en su nombre", él lo hará (Juan 14:14). Yo sé que *ese algo* incluye la salvación, sanidad, suplir las necesidades, liberación.

4. Porque "todo cuanto pidiereis al Padre en mi nombre, os lo dará" (Juan 16:23). Yo pido siempre a mi Padre en el nombre de su muy amado Hijo.

5. Porque él dijo: "Hasta ahora nada habéis pedido en mi nombre; pedid, y recibiréis, para que vuestro gozo sea cumplido" (Juan 16:24). Mi alegría rebosa debido a las grandes y poderosas respuestas.

6. Con Pedro yo sin temor declaro: "Pero lo que tengo te doy; en el nombre de Jesucristo de Nazaret, levántate" (Hechos 3:6).

7. Por su nombre, "y por la fe en su nombre... le ha dado... completa sanidad" (Hechos 3:16). Yo confieso mi sencilla fe en el nombre de Jesús.

8. Y todo lo que hago, sea de palabra o de hecho, lo hago todo en el nombre del Señor Jesús, dando gracias a Dios Padre por medio de él (Colosenses 3:17).

9. En el nombre de Jesus echo fuera demonios (Marcos 16:17); por eso poseo total autoridad sobre las obras de Satanás.

10. Yo doy siempre gracias por todo al Dios y Padre, "en el nombre de nuestro Señor Jesucristo" (Efesios 5:20).

11. Yo no uso el nombre de Jesús como un fetiche o un amuleto; yo sé que su nombre representa "toda potestad . . . en el cielo y en la tierra" (Mateo 28:18).

Capítulo Once

TU PUEDES HACERLO

Cuando yo era editor del *Faith Digest* en Tulsa, Oklahoma, mi estimado amigo el evangelista T. L. Osborn me contó el siguiente relato:

"Asistía a un culto en el Auditorio Cívico de Portland, Oregón, y me encontraba sentado en el tercer palco.

"Después del mensaje, una larga fila de personas pasaron delante del ministro para que él orase pidiendo la sanidad de ellos. El detuvo a una niña sorda y muda y, colocando los dedos en las orejas de ella, dijo: 'Tú, espíritu sordo y mudo, yo te ordeno en el nombre de Jesucristo, que dejes a esta niña y no vuelvas a entrar nunca más en ella.' El habló con calma, pero con absoluta firmeza. La niña se sanó completamente. ¡Cómo resonaban aquellas palabras en mi alma! *'¡Yo te ordeno en el nombre de Jesucristo!'*

"Nunca había oído a un hombre orar así. El no tenía duda. Habló suavemente, sin embargo, con una fuerza irresistible. Había una autoridad irrefutable en su voz. Invocó el nombre de Jesús y un demonio fue obligado a obedecer.

"Vi el nombre de Jesús demostrado. Eso cambió mi vida. El Señor estaba en la plataforma. Yo no lo podía ver, pero cuando ese pastor invocó su nombre, él estaba ahí, y apoyó aquella orden. Aquella noche, vi a Jesús representado en su nombre.

"Miles de voces me giraban sobre la cabeza mientras yo estaba sentado allí llorando. Decían: *'¡Tú puedes hacerlo! ¡Tú puedes hacerlo! ¡Es lo mismo que Pedro y Pablo hicieron! ¡Eso prueba que la Biblia es buena hoy día! ¡Tú puedes hacer eso!'*

"¡Sí!, me dije yo. ¡Yo puedo hacer eso! ¡Jesús vive! ¡El está aquí! ¡El está conmigo! ¡Yo puedo usar su nombre! ¡Yo puedo echar fuera demonios! Sí, ¡puedo hacer eso!

"Cuando salí de ese auditorio era un hombre nuevo. Jesús y yo caminábamos juntos. Yo iba a usar su nombre para obligar a los demonios a que saliesen y las enfermedades fuesen curadas. Yo podía hablar en su nombre. Jesús haría el milagro. Ningún demonio o enfermedad resistiría *su autoridad. Ellos estarían bajo su ultimátum cuando usase su nombre.*

"Desde hace muchos años yo he proclamado su nombre en más de treinta países. Alrededor del mundo he contemplado la gloria de Jesucristo al exaltar su nombre entre los paganos. En todas las campañas que hemos conducido en ultramar, el Señor Jesucristo se apareció por lo menos una vez, y a menudo repetidamente."

"Por lo cual Dios también le exaltó hasta lo sumo, y le dio un nombre que es sobre todo nombre, para que en el nombre de Jesús se doble toda rodilla de los que están en los cielos (ángeles), y en la tierra (hombres), y debajo de la tierra (demonios)" (Filipenses 2:9-10).

¿Sabes tú lo que es un poder legal? Es un documento escrito que autoriza a una cierta persona para actuar en el nombre de otra. Si alguien te ha conferido un poder ilimitado, tú puedes firmar sus cheques, puedes vender su negocio, y puedes hacer cualquier cosa que desees en su nombre. ¡Y Jesús te autoriza a obrar *en su nombre!*

Jesús nos ha dado su poder. Poseemos un documento escrito, la Biblia, en la cual Jesús dice: "Todo cuanto pidiereis al Padre en mi nombre, os lo dará" (Juan 16:23). Aun en base puramente legal, una vez que nos hacemos creyentes, tenemos el derecho de usar el nombre de Jesús. ¡Tenemos el derecho de "firmar" con el nombre de Jesús los "cheques" que giramos contra el "banco" del cielo!

Cuando aceptamos a Jesús como nuestro Salvador, se nos concede usar el nombre de Jesús. Jesús nos dice: "Hasta ahora nada habéis pedido en mi nombre; pedid, y recibiréis, para que vuestro gozo sea cumplido" (Juan 16:24). "Y todo lo que pidiereis al Padre en mi nombre, lo haré, para que el Padre sea glorificado en el Hijo" (Juan 14:13).

Los demonios, las enfermedades y las circunstancias están todas sujetas a este nombre. Este nombre de Jesús es el nombre majestuoso que está por encima de todos los otros nombres. El Padre así lo ha querido. El Espíritu Santo es testigo de ello. Y son incontables los milagros que confirman la evidencia del dominio que ejerce este nombre.

Hace algunos años, un grupo de editores de libros de himnos seleccionó el himno, "Dad gloria al Cordero Rey", como el *himno por excelencia* de la iglesia.

Todos nosotros podemos proclamar el poder del nombre de Jesús, porque es por medio de su nombre que conseguimos (1) la *salvación* de nuestras almas, (2) la *sanidad* de nuestros cuerpos, (3) la *victoria* sobre las fuerzas de Satanás, y (4) el *acceso* al Padre en la oración.

El nombre de Jesús está relacionado inseparablemente con la salvación. El mismo nombre está lleno de música para un alma arrepentida. "Y dará a luz un hijo, y llamarás su nombre JESUS, porque él salvará a su pueblo de sus pecados" (Mateo 1:21). "Y en ningún otro hay salvación; porque no hay otro nombre bajo el cielo, dado a los hombres, en que podamos ser salvos" (Hechos 4:12).

El nombre de Jesús es el único nombre mediante el cual el pecador puede acercarse al Dios Padre; ése es el único nombre al que él le presta atención; ése es el único nombre que nos pone en contacto con el ministerio de Mediador de Cristo.

Las multitudes han recibido la salvación simplemente invocando su nombre, porque *"todo aquel que invocare el nombre del Señor, será salvo"* (Romanos 10:13).

¿Has invocado su nombre? ¿Has pronunciado el nombre de JESUS en tus oraciones? Si no, hazlo ahora. Su paz inundará tu alma. Cuando tú invoques su nombre, míralo a él, elevado, sangrando, agonizando, para que *tú* puedas vivir. Tus pecados se borrarán mientras su vida se irá derramando en tu propio ser. Invoca su nombre ahora y sálvate. *¡Tú puedes hacerlo!*

El nombre de Jesús es el nombre que sana. En Hechos 3, el poder conferido en el nombre de Jesús está sumamente demostrado. A un inválido desamparado que estaba sentado en tierra, Pedro le dijo: "En el nombre de Jesucristo de Nazaret, levántate y anda." De repente aquellos tobillos y pies inútiles recibieron fuerza y ese hombre entró al templo saltando y gritando alabanzas a Dios.

La multitud lo reconoció como el hombre que había sido inválido y lo rodearon sorprendidos y maravillados. Pedro, entonces, le dijo a la multitud que Cristo, el obrador del milagro viviente, había realizado esta sanidad, y culminó su mensaje con esta declaración: "Y por la fe en su nombre, (el nombre de Jesús) a éste, que vosotros veis y conocéis, le ha confirmado su nombre; y la fe que es por él ha dado a éste esta completa sanidad en presencia de todos vosotros" (Hechos 3:16).

Millares de veces he visto el poder del Cristo viviente manifestado en milagros cuando yo he ordenado a las enfermedades que desaparezcan y a los demonios que salgan en el nombre de Jesucristo.

¡Oh, la gloria de ver miembros macilentos consumidos por la polio, que de repente se vuelven fuertes y nuevos, de ver cuerpos devorados por el cáncer que se restablecen instantáneamente! Yo te aseguro, que se consigue sanar en el nombre de Jesús. Y la fe en su maravilloso nombre te hará sano ahora mismo.

Invoca su nombre ahora mismo. Ordena que tu enfermedad se vaya en su nombre, y ésta no se resistirá. Tú también serás sanado. Recibe tu sanidad en su nombre ahora mismo. *¡Tú puedes hacerlo!*

El nombre de Jesús es el nombre que tiene autoridad. Los evangelios repetidamente se refieren a la forma en la cual Jesús combatía a las fuerzas del mal: "Y predicaba en las sinagogas de ellos en toda Galilea, y echaba fuera los demonios" (Marcos 1:39). Hay innúmeras referencias al ministerio de Jesús de echar fuera demonios. Tanto se habló de ello que sus adversarios equivocadamente afirmaban que "por el príncipe de los demonios echa fuera los demonios" (Mateo 9:34).

Casi podría pensarse al leer nuestra moderna literatura religiosa, y al escuchar a la mayoría de los sermones de los predicadores, que los demonios han desaparecido. Hay miles de predicadores y de creyentes que nunca en sus vidas han echado fuera un demonio en el nombre de Jesús.

Nunca he podido comprender cómo los creyentes pueden esperar vivir una vida de victoria a menos que reconozcan que su enemigo es un poder satánico, y que el *poder para vencer* está en el nombre de Jesús, el Hijo de Dios.

Ignorar que existen los demonios, sólo da una mayor ventaja al adversario.

Nuestra lucha no es contra carne y sangre, sino contra los principados y potestades de las regiones celestes; nuestra guerra es contra los demonios de todos los rangos y autoridades (Efesios 6:12). "En mi nombre echarán fuera demonios" fue la promesa de Jesús para "aquellos que creen" (Marcos 16:17).

Cada uno de los discípulos que Jesús envió a predicar llevaba orden de echar fuera demonios (Mateo 10:8). Pero esta promesa en Marcos 16:17 no es sólo para los "predicadores", sino también para cada "creyente". Te incluye a ti, "hasta el fin del mundo".

Cuando tú estés seguro de estar en paz con Dios, levántate en el nombre de Jesús y echa fuera a los demonios. Aleja a tu enemigo. Actúa de acuerdo con la promesa de Cristo. Habla con autoridad. Tú tienes el derecho de usar su nombre. No te amilanes; ten valor. *Tú eres creyente.* Ocupa tu lugar. Consigue la victoria sobre las fuerzas de Satanás usando este nombre.

¡El nombre de Jesús es el nombre que tiene autoridad! Jesús declaró:

"Todo lo que pidiereis (u ordenares) ... en mi nombre, lo haré, para que el Padre sea glorificado en el Hijo."

Ordena a tu enfermedad que se vaya. Ordena a tu enemigo que se retire. Consigue tu liberación. Luego, ve a libertar a otros. ¡Hazlo ahora! *¡Tú puedes hacerlo!*

Qué maravilla es que todas las personas que han nacido en la familia de Dios, han nacido dentro de la familia Real — La Familia Real Divina. El "nos ha trasladado al reino de su amado Hijo" (Colosenses 1:13). "Mas vosotros sois linaje escogido, real sacerdocio" (1 Pedro 2:9).

Al "nacer nuevamente" dentro de la familia imperial, tú heredas el derecho de usar el nombre imperial. ¡Qué regia herencia! Es siempre deleite del Padre reconocer cualquier petición hecha en el nombre real. Cuando tú oras, tú eres miembro de la familia; tienes el derecho de usar el nombre de Jesús.

Cuando Jesús dice: "Todo lo que tú pidiereis al Padre en mi nombre, él te lo dará", te está dando un cheque por todos los tesoros del cielo, y te pide que lo llenes. ¡Qué gran privilegio!

Valdría bien la pena que todos los creyentes hiciesen un estudio completo del libro de los Hechos y las Epístolas, para que se den cuenta cómo este nombre de Jesús estuvo conectado estrechamente con cada fase de la iglesia primitiva.

Cuando *tú* aprendes a usar el nombre de Jesús de acuerdo con la Palabra, en el poder del Espíritu, posees *el secreto que conmovió al mundo mediante el ministerio de los apóstoles*. Comienza usando el nombre de Jesús desde hoy en tus oraciones.

"Hasta ahora nada habéis pedido en mi nombre; pedid, y recibiréis, para que vuestro gozo sea cumplido" (Juan 16:24).

Inmenso gozo te espera cuando pidas al Padre francamente en el nombre de Jesús. Encontrarás algo en el nombre de Jesús que te dará tanta alegría como nunca antes habías gozado.

"Estas señales seguirán a los que creen." Ese eres tú. "En mi nombre echarán fuera . . ."

Toma tu lugar. Usa el nombre. Te pertenece. Ese es tu nombre de familia. Tú perteneces a Jesús. *Tú* has nacido en su familia. *Tú estás* trasladado a su reino. Agrada al Padre portándote con intrepidez y valiéndote de tus derechos. Reclama tu propia herencia, luego dedícate a libertar a otros cautivos. *Tú puedes* hacerlo.

Y todo lo que tú hagas en palabras o en hechos, hazlo en el nombre del Señor Jesús, dando gracias a Dios Padre por medio de él (Colosenses 3:17).

LO QUE TU PUEDES HACER

1. "Todo lo puedo en Cristo que me fortalece" (Filipenses 4:13). La Biblia es la Palabra de Dios. Cuando Dios dice algo, es la verdad. ¡Yo puedo hacer lo que Dios dice que puedo hacer!

2. Jesús dijo: "En mi nombre echarán fuera demonios . . . sobre los enfermos pondrán sus manos, y sanarán" (Marcos 16:17-18). ¡Yo puedo hacer eso! En su nombre yo puedo echar fuera demonios, y sanar a los enfermos.

3. El Salmo 37:4 dice: "Deléitate asimismo en Jehová, y él te concederá las peticiones de tu corazón." Yo puedo recibir los deseos de mi corazón, porque me deleito en Jehová.

4. Hechos 1:8 dice: "Recibiréis poder, cuando haya venido sobre vosotros el Espíritu Santo, y me seréis testigos." ¡Yo puedo ser testigo de ese poder porque tengo el Espíritu Santo en mi vida!

5. Isaías 53:3 proclama que: "Por su llaga fuimos nosotros curados." ¡Yo puedo conseguir mi curación y recuperar mi salud porque por su llaga yo estoy curado!

6. "Amáos los unos a los otros, como yo os he amado" (Juan 13:34). Yo puedo amar a los demás con la misma intensidad con que Jesús me amó a mí, porque su amor se alberga en mi corazón. ¡Amo con su mismo amor!

7. 1 Corintios 1:30 dice: "Cristo Jesús ... nos ha sido hecho por Dios sabiduría." Yo puedo tener la sabiduría divina en todas las circunstancias críticas, porque Cristo mismo es mi misma sabiduría.

8. "El justo está confiado como un león" (Proverbios 28:1). Yo puedo ser confiado como un león porque se me ha hecho justo con su justicia (Romanos 10:10; 2 Corintios 5:21).

9. Daniel 11:32 nos dice que "El pueblo que conoce a su Dios se esforzará y actuará". ¡Yo puedo esforzarme y actuar porque yo conozco a mi Dios que me fortalece!

10. "Todas las cosas que pertenecen a la vida y a la piedad nos han sido dadas por su divino poder" (2 Pedro 1:3). ¡Yo puedo gozar todas *las cosas* que pertenecen tanto a la vida como a la piedad y puedo hacer todas las cosas mediante Cristo quien me fortalece!

Capítulo Doce

TE PUEDE SUCEDER A TI

No tienes que ser un "ser especial" para recibir el milagro de la sanidad. Dios no hace acepción de personas. Lo que él hace para una persona lo hará para cualquier otra. Lo que Jesús hará para cualquiera, lo hará para ti. En este capítulo deseo contarte algunos milagros de sanidades que fueron el resultado del uso del nombre de Jesús, para que puedas fortalecer tu fe y recibir *tu milagro*.

El segundo gran beneficio del Señor es su poder de sanidad. "Jesucristo es el mismo ayer, y hoy, y por los siglos" (Hebreos 13:8). El Cristo del evangelio todavía sana hoy en día. Lo sé, porque yo he sido sanado por Cristo y además he presenciado la sanidad de miles de personas.

Yo sé que existe una enorme controversia sobre este tema de la sanidad por Cristo, la que siempre ha existido y que probablemente siempre existirá. Los escépticos y los acérrimos incrédulos niegan que Cristo realice milagros de sanidad hoy día. Pero todos los que hemos creído y recibido, sabemos que Cristo todavía realiza milagros vitales en estos días, en esta generación.

La sanidad de mi propia madre fue el primer milagro que hizo un impacto en mi vida. Eso ocurrió en 1948, y fue motivo para que mi familia se acercase a Jesús. Más tarde, el Señor sanó los pies torcidos de mi pequeña hijita e hizo andar a mi muy amada esposa, en 1953, quien había estado paralizada por la fiebre reumática.

El nombre de Jesús es el nombre de sanidad. Cuando invocamos su nombre al orar por un enfermo, es exactamente como si Jesús mismo estuviese presente. El y su nombre son uno solo. Cuando la revelación del poder del nombre de Jesús llegó a mi vida, yo cambié para siempre y la vida cambió para mí. Fue como si el cielo repentinamente hubiese descendido a mi vida.

Conforme ya lo he mencionado, en el nombre de Jesús he ordenado a los espíritus de la sordera que salgan de centenares de personas que estaban totalmente sordas de uno o de ambos oídos. Casi siempre, la sordera se ha alejado y esas personas han recobrado el sentido del oído.

Al luchar contra la execrable enfermedad del cáncer, muchas veces, yo he hablado en el poderoso nombre de Jesús en contra de esta traicionera dolencia y han sido muchos los testimonios que se han recibido de aquellos que milagrosamente se han sanado del cáncer. Estas sanidades han sido reales milagros definidos para la gloria y alabanza del nombre de Jesús.

Yo tengo anotadas en la hoja de apuntes de mi Biblia estas palabras: "No necesito fe para usar el nombre de Jesús; todo lo que necesito es *intrepidez* para usar este nombre que me pertenece."

Ha sido simplemente maravilloso hablar en el nombre de Jesús contra todos los síntomas de enfermedades, ataduras y problemas, y comprobar los resultados. Este nombre de Jesús te pertenece a ti también. ¡Usalo con confianza! ¡Tú puedes temblar cuando usas el nombre, pero recuerda que el poder reside en ese nombre, y no temas! ¡Yo bendigo al Señor, quien sana todas nuestras enfermedades!

"Y por la fe en su nombre, a éste, que vosotros veis y conocéis, le ha confirmado su nombre; y la fe que es por él ha dado a éste esta completa sanidad en presencia de todos vosotros" (Hechos 3:16).

David dice: "Bendito sea el Señor, que redime tu vida de la destrucción." Esto significa que él nos preserva de la destrucción. Tengo la seguridad de que cada uno de nosotros se ha encontrado alguna vez muy cerca del trance de la muerte, pero la poderosa mano del Señor nos ha salvado y preservado cuando el maligno se empeñaba en destruirnos.

Cierta vez me encontraba predicando en la ciudad de Chicago. El Señor nos estaba concediendo muchas almas y un gran número de sanidades milagrosas en cada servicio. Un hombre, bajo la influencia de Satanás vino a nuestras reuniones. El no deseaba intentar siquiera su salvación, rechazando la gracia y misericordia de Dios para su alma perdida en las tinieblas del pecado. Muchas veces se fue peor de lo que había venido porque resistía al Espíritu Santo.

Más tarde, en el momento en que me dirigía al auditorio para la próxima reunión, este hombre estaba acechándome. Con la repentina ferocidad de un animal salvaje, me atacó. Antes de que me diese cuenta de lo que sucedía, él me asestó tres formidables golpes en la cara, que me dejaron tambaleante, tratando de recuperar el equilibrio.

"Voy a sacarte los ojos", vociferaba el hombre, y se preparó para una segunda y pavorosa embestida. Yo sabía que no existía una razón humana para que este hombre me atacase; yo había tratado de ayudarlo; por lo tanto, era evidente que este hombre estaba bajo la influencia de los demonios. En el preciso momento que él intentó acercarse nuevamente con el deseo de arrancarme los ojos, clamé en el nombre de Jesús, impidiéndole que llevase a cabo su obra de destrucción.

Los demonios del hombre se aplacaron. De repente él se dio vuelta y se fue huyendo de la escena de violencia. El nombre de Jesús había triunfado. El Señor había redimido mi vida de la destrucción. Yo bendigo su nombre por eso con todas las fuerzas de mi alma.

Una vez estuve en un accidente de automóvil muy crítico, uno de los automóviles rodó sobre un despeñadero, y yo me encontré atrapado dentro del vehículo con la gasolina corriéndome sobre el cuerpo. Sin poder soltarme, percibí rápidamente que la gasolina podía prenderse y convertirme en un infierno viviente dentro del vehículo.

Nuevamente usé el nombre de Jesús ante este dilema y comencé a orar pidiendo al Señor que me liberase. El Señor se hizo cargo de mi situación; seis hombres se acercaron y levantaron el automóvil, y me libertaron de la trampa que Satanás me había tendido con la intención de destruirme.

¡Aleluya!, ¡Dios es más poderoso que el diablo! "Bendito sea el Señor, lo bendice mi alma y TODO lo que está dentro de mí! Todo lo que está dentro de mí dice: ¡Aleluya, gracias a ti, Jesús; alabado sea el Señor, gloria a Dios!" ¡Mi copa rebosó! El Señor me ha bendecido con sus beneficios, y yo estoy agradecido.

Tú puedes gozar de los mismos beneficios del Señor que yo he recibido, si depositas tu fe en Jesucristo. Lo que él ha hecho para mí y para muchos otros lo hará también para ti.

Cuando estuve como misionero-evangelista en la República Dominicana, mi misión se caracterizó por algunas intervenciones extraordinarias de Dios que han quedado profundamente grabadas en mi memoria.

Partimos hacia una aldea dominicana para visitar a la gente de ese lugar. Los misioneros habían accedido a llevarnos a esa aldea para que yo pudiese encontrarme con todas aquellas personas que eran ardientes radioescuchas de mis transmisiones en inglés y francés, especialmente porque se trataba de un lugar donde se hablaba sobre todo el francés. La gente me dio una calurosa bienvenida como siervo de Dios en todo nuestro recorrido casa por casa para compartir con ellos el amor de Jesús. Se me pidió entonces que realizara un culto al aire libre antes de que volviese a la capital.

En el momento en que cruzábamos el puente para realizar el culto al aire libre, al otro lado del río, un gran número de niños de escuela se dirigió corriendo hacia nosotros. Preguntaron si podían entonar un canto en honor nuestro en su dialecto, y en efecto lo hicieron muy dulcemente. Luego nos pidieron que les cantásemos un canto para ellos, entonces todos juntos cantamos el "Aleluya". Después les dije que yo deseaba orar con todos ellos de manera que pudiesen recibir a Jesucristo en sus corazones y que él los pudiese bendecir.

Mi hija Marisa nos acompañó en ese viaje. Marisa no había cumplido todavía los quince años. Era una niña delgada que no estaba acostumbrada al clima tropical. Estando yo en la mitad de mi oración, Marisa se desmayó. Si no fuese porque mi esposa la alcanzó a sujetar, ella se hubiese caído en la corriente del río. En cambio cayó sobre las rocas cercanas al río. Rápidamente salté al lado de Marisa. Tenía los ojos en blanco y no daba señales de vida, absolutamente no reaccionaba a nada. Mi esposa gritó: "¡Oh papá, ora!"

No deseaba tomar una decisión teológica de cómo debía auxiliarla. Oí entonces al Espíritu del Señor orando a través de mí: "¡Muerte, yo te reprendo en el nombre de Jesús!"

Levanté a Marisa y la llevé hasta el puente. Sus pupilas permanecían aún fijas con la mirada en blanco, sus ojos y su cuerpo continuaban sin vida en mis brazos cuando la conducía hasta el puente. Nuevamente increpé al diablo y con toda energía le ordené: "Yo te rechazo, muerte, en el nombre de Jesús."

En medio del puente, los ojos de Marisa se abrieron y se alegraron nuestros corazones. La colocamos en el automóvil que pertenecía a los misioneros, el hermano y la hermana Snyder, y regresamos a la ciudad de Roseau. Los esposos Snyder nos insinuaron que hiciésemos examinar a Marisa; sin embargo, nosotros confiábamos plenamente en que el Señor la había sanado totalmente. ¡Cuando el diablo intentó destruirla, Dios realizó su milagro! No quiero decir que Marisa fue rescatada de la muerte, sino que el Señor intervino y tocó a mi hija, y eso es lo que *deseo* declarar. ¡Alabado sea su nombre!

Hace muchos años la señora María Hart, de Calgary, Alberta, viajaba en carreta tirada por caballos cruzando las praderas, en su camino a Alberta. Aunque en ese tiempo era solamente una niña, ella recuerda vivamente una experiencia que tuvo entonces.

Una tarde, en que su familia había acampado en la llanura y María estaba de pie cerca de la hoguera, una lata de agua hirviendo explotó de repente y el impacto de la explosión la alcanzó quemándole la cara malamente. Con el tiempo las quemaduras sanaron, pero María había perdido el sentido del olfato. En los años siguientes, ella estuvo privada de dicho sentido e impedida del placer de oler las flores hermosas que tanto amaba.

Cuando llevé a cabo una cruzada de cuatro semanas en Calgary, el Dios Todopoderoso manifestó su poder de sanidad y salvación. Una noche, la señora Hart vino a contarme su historia, y a pedirme que orase por ella para que pudiera recuperar su sentido del olfato. Al orar por ella en el nombre de Jesús, instantáneamente recibió este milagro de su santidad, ¡y desde entonces pudo percibir todo olor y aroma, incluso el de las flores!

Algunas noches después que ocurrió este **milagro** una fuerte tormenta eléctrica se desencandenó sobre Calgary. Sin que lo notara la señora Hart, la luz piloto de su cocina de gas se había apagado debido a la fuerza de la tormenta. Cuando la luz piloto se extinguió, se supone que el suministro de gas quede automáticamente cortado; sin embargo, no fue lo que sucedió, y por muchas horas el gas estuvo escapándose de la cocina, saturando el aire de todo el sótano y del piso alto. Cuando la señora Hart llegó esa noche a casa de regreso de nuestro servicio, percibió que un olor peculiar invadía toda la casa. Bajó las escaleras e inmediatamente se dio cuenta de lo que había sucedido. Abriendo puertas y ventanas consiguió que el gas saliera. A menudo ella se refiere a este incidente afirmando que, sin lugar a dudas, el haber recobrado su sentido del olfato fue lo que le salvó la vida. ¡Si la señora Hart no hubiese sido capaz de percibir el olor del gas, éste hubiese seguido esparciéndose por toda la casa y en un momento dado ella habría sucumbido!

Sí, la lata de agua hirviendo en la hoguera al aire libre en aquella llanura, hace muchos años, hizo que la joven María perdiese su sentido del olfato. Pero mediante el poderoso nombre de Jesús, Dios realizó un milagro maravilloso que salvó su vida en Calgary.

Hace algunos años mi familia y yo fuimos a North Gattleford, Saskatchewan, para dirigir una cruzada en la iglesia Evangélica Cuadrangular. El pastor Jorge Belobaba, me lanzó un reto con estas palabras.

—Hermano Gossett, en nuestra escuela dominical tenemos dos niños que son completamente ciegos de un ojo. Ahora bien, si el Señor nos concediese el milagro de abrir los ojos de los niños y darles la facultad de ver, eso entusiasmaría a la gente de aquí, y les haría saber que Jesucristo vive y realiza sus obras aún en nuestros días.

—He visto a Jesucristo abrir ojos ciegos muchas veces —le respondí—. Confiemos en que el Señor concederá estos milagros cuando oremos por los niños.

En la tercera noche de nuestras reuniones, Miguel Mannix y Linda Girard asistieron a la reunión. El pastor Belobaba me mostró a estos niños y me dijo que ellos eran los que tenían uno de sus ojos ciegos. Yo oré pidiendo por Miguel, y Jesucristo le concedió visión perfecta en su ojo ciego; luego Linda recibió también el mismo milagro maravilloso.

Estos milagros han conmovido los corazones de mucha gente, y una multitud de almas fue atraída a las reuniones y salvadas debido a estas demostraciones del poder del Dios viviente. Miguel y Linda volvieron noche tras noche; yo los presentaba en la plataforma para demostrar que Jesús había concedido la visión en forma tan completa a unos ojos que habían estado totalmente ciegos.

Los milagros también tuvieron un gran impacto en sus familias: Recibí una carta de la abuela de Linda, la señora Teichroeb, que decía: "No solamente mi nieta, Linda Girard recobró la visión de su ojo ciego en su cruzada, sino también dos de mis hermanos aceptaron a Jesús como su Salvador en sus reuniones, y yo me sané de terribles dolores abdominales. Estoy tan agradecida al Señor por todo lo que él ha hecho."

Miguel Mannix tenía un hermano mayor, Melvin, que sufría de fiebre reumática tan aguda que ya le había afectado el corazón, por lo que a menudo no podía andar o hablar, y ni siquiera reconocía a su madre. Cuando oré por él, Jesucristo lo sanó instantáneamente. Su madre entonces lo llevó para someterlo a un examen completo y el médico se quedó sorprendido, le quitó todas las medicinas que había estado tomando, y lo declaró completamente sano.

En Juan 14:13-14, Jesús dijo: "Todo lo que pidiereis al Padre en mi nombre, lo haré, para que el Padre sea glorificado en el Hijo. Si algo pidiereis en mi nombre, yo lo haré." Una noche en Anderson, Missouri, trajeron a una señora que moría de cáncer. Su apariencia daba lástima, pues, apenas si tenía sólo hueso y piel, y estaba muy pálida.

Le pregunté: —¿Cree usted que este versículo de "todo lo que" de Juan 14:13 incluye también su cuerpo lleno de cáncer?

Débilmente me respondi. —Sí.

—Entonces vamos a repetir esa gran frase "todo lo que" para los cancerosos —continué— Jesús dijo: "si tú pides en mi nombre, yo lo haré." Eso se reduce simplemente, a esto: a nosotros nos corresponde sólo pedir y Jesús se encargará de hacerlo.

La Palabra de Dios reavivó la fe de su corazón y con verdadera confianza exclamó: —¡Eso me parece muy bien a mí!

En el nombre de Jesús reprendimos al cáncer y en un período de tres días el cáncer había desaparecido de su cuerpo. Ella recobró completamente su salud y según las últimas noticias que tuve, sigue saludable hasta hoy; ¡yo alabo el nombre de Jesús! En el nombre de Jesús hemos visto prácticamente todas las enfermedades conocidas y aflicciones curadas, con excepción de la lepra. (¡Y yo creo que también la lepra podrá curarse y doblegarse ante el nombre de Jesús, cuando tengamos la oportunidad de orar por un leproso!)

"En mi nombre echarán fuera demonios; hablarán nuevas lenguas; tomarán en las manos serpientes, y si bebieren cosa mortífera, no les hará daño; sobre los enfermos pondrán sus manos, y sanarán" (Marcos 16:17-18).

TU TIENES LA UNCION

1. "Pero la unción que vosotros recibisteis de él permanece en vosotros" (1 Juan 2:27). Tú tienes la unción dentro de ti. Este es un hecho bíblico que no cambia.

2. "Y el yugo se pudrirá a causa de la unción" (Isaías 10:27). El yugo se refiere a las ataduras de Satanás. ¡La unción destruye el yugo!

3. ¿Qué es la unción? Es aquella fuerza interior vitalizadora sobrenatural que hace que el individuo esté lleno de vida espiritual, fuerte, efectivo y productivo en el servicio cristiano. ¡Si tú has recibido el bautismo en el Espíritu Santo, has recibido la unción y ella permanece dentro de tu ser!

4. Jesús, nuestro Maestro, fue un Ungido cuando transitó por este mundo. "El Espíritu del Señor está sobre mí, por cuanto me ha ungido para dar buenas nuevas a los pobres; me ha enviado a sanar a los quebrantados de corazón; a pregonar libertad a los cautivos, y vista a los ciegos; a poner en libertad a los oprimidos; a predicar el año agradable del Señor" (Lucas 4:18-19). Todas las sanidades y liberaciones de Jesús fueron forjadas por esta unción. "Dios ungió con el Espíritu Santo y con poder a Jesús de Nazaret, y cómo éste anduvo haciendo bienes y sanando a todos los oprimidos por el diablo, porque Dios estaba con él" (Hechos 10:38).

5. Atesora esta unción. Su calidad santa y excelente nos hace dinámicos para el servicio de nuestro Señor. Esta unción es la que nos permite conseguir en nuestras vidas los mismos resultados que obtenía Jesús. Esta unción nos da autoridad para hablar en el nombre de Jesús y contrarrestar los poderes satánicos.

6. "Seré ungido con aceite fresco" (Salmo 92: 10). La unción del Espíritu Santo es igual al aceite. Las Escrituras se refieren al aceite como un tipo del Espíritu Santo. Pronuncia estas palabras sagradas con David: "¡Seré ungido con aceite fresco!" En el día de Pentecostés fueron todos llenos del Espíritu Santo (Hechos 2:4); más tarde, los mismos discípulos fueron nuevamente llenos del Espíritu Santo (Hechos 4:29-31). Nosotros necesitamos unciones frescas y llenarnos nuevamente del Espíritu Santo.

7. "Pero vosotros, amados, edificándoos sobre vuestra santísima fe, orando en el Espíritu Santo" (Judas 20). Este "orando en el Espíritu Santo" es real, ferviente, oración ungida que edifica nuestra fe.

8. "Pero vosotros tenéis la unción del Santo (1 Juan 2:20). Yo ambiciono esta unción, este fervor que reside dentro de mí. Diariamente yo me rindo ante el Espíritu Santo para recibir aceite fresco dentro de mi ser. Confieso: "Yo poseo la unción. La unción permanece dentro de mi ser. Ella es un don de Dios. Yo conservo fresca mi unción llevando una vida de plena comunión con mi Señor."

Capítulo Trece

LA CURA PARA EL CANCER

La sanidad nos pertenece. No es algo que tenemos que pedírselo a Dios, es algo que él ya nos lo ha dado. Pero la fe es la fuerza activadora. Sin fe en lo que él dice, nos será imposible reclamar la salud que es nuestra por derecho propio.

Hace muchos años, un inglés llamado Guillermo F. Burton fundó la Misión del Congo Belga. Esta Misión sirvió de poderoso testigo de Cristo en Africa.

El señor Burton cayó enfermo, pero él desconocía la extensión o la gravedad de su dolencia. Los doctores del Congo, (que ahora se llama Zaire) se prepararon para operarlo. Durante la operación, el cirujano descubrió que el señor Burton estaba afectado de cáncer.

Su cirujano, quien además era su amigo, le dió la noticia al señor Burton: "Sentimos mucho pero nada podemos hacer por usted," le confesó tristemente. "El cáncer se ha extendido demasiado. Ni siquiera podemos intentar una operación radical para tratar de extirpar el cáncer, y creemos necesario que usted sepa que sólo le queda un año de vida. Si quisiera volver

a Inglaterra para ver a su familia, debería preparar
su viaje en cuanto usted se sienta con fuerzas suficientes."

Guillermo Burton estuvo de acuerdo en esperar un
mes o más para volver a Inglaterra. Había vivido
tanto tiempo en el Congo y amaba tan profundamente
a la gente de ese lugar que temía partir. Hizo planes
entonces para recorrer toda esa región que él tanto
amaba, para despedirse de todos sus amigos. A todos
los lugares donde iba, la triste noticia de su enfermedad y su inminente partida le había precedido.
Con lágrimas en los ojos, sus amigos congoleses le
expresaron de la mejor forma posible todo su amor
y sentimiento de pesar.

Una tarde, como de costumbre, el señor Burton estaba sentado en su dormitorio, leyendo la Biblia. Leía
Isaías 53 cuando de repente las palabras "y por su
llaga fuimos nosotros curados" saltaron de la página
para salvar su vida. Se dio cuenta entonces que hasta
ese momento él había dejado de considerar el plan
que *Dios* pudiese tener para su vida. El señor Burton
cayó de rodillas y oró pidiendo perdón por haber
aceptado tan precipitadamente la sentencia del cirujano. El se había descuidado de usar la Palabra. Las
plabras que él había estado repitiéndose no habían
sido palabras de victoria mediante Jesús. Simplemente había estado repitiendo como un eco las palabras
del cirujano. Decidió, por lo tanto, pedir a Dios que
le dejase saber el "veredicto final" de su caso.

Después de tomar esa decisión, cuando los amigos
congoleses del señor Burton trataban de consolarlo, él
respondía simplemente: "Pero ustedes no han oído
todavía la última noticia: Por sus llagas yo estoy
curado." Una y otra vez él afirmaba y reafirmaba su
fe mediante lo que decía. Guillermo Burton había
decidido creer en Dios.

El señor Burton continuó con sus planes de volver
a Inglaterra. Sin embargo, la razón de su viaje ahora

no era para decir adiós a su familia. En vez de eso, él pensaba descansar y recobrar su vigor de manera que pudiese volver al Congo para continuar la obra del Señor. Cuando su familia y sus amigos fueron a encontrarlo llenos de tristeza él los animó diciéndoles con toda enereza: "Por su llaga yo estoy curado."

Después de seis meses de haber estado en Inglaterra, cuando parecía haberse operado una mejoría en su salud, en lugar del esperado deterioro, los médicos ingleses que atendían al señor Burton decidieron examinarlo nuevamente. Ellos habían recibido, desde el Congo, el informe médico del caso.

Para sorpresa de los médicos y de todas las demás personas, exceptuando al señor Burton, el examen confirmó la propia declaración de Burton: "Por su llaga yo estoy curado." El tenía razón. Su declaración era el veredicto de los cielos en su caso. ¡No quedaba absolutamente ningún vestigio de cáncer en su cuerpo!

La sanidad de Guillermo Burton tuvo efectos incalculables. El regresó a su misión en el Congo Belga y continuó su trabajo allí por muchos años. Su propia curación fue para los africanos un testimonio más poderoso que todos los sermones que había predicado antes.

Las llagas que Jesús sufrió para nuestra sanidad fueron infligidas por un tipo de castigo muy cruel llamado "flagelo". Los historiadores nos dicen que esas llagas fueron producidas por un azote de nueve ramales. Esta flagelación de Jesús tuvo lugar poco antes de su crucifixión (Mateo 27:26).

Este azote de nueve ramales era un instrumento horrible de castigo. Pequeñas piezas de metal estaban adheridas en cada una de las tiras. La flagelación romana con este látigo sobrepasaba cualquier otro método de castigo. Eso era, si es posible, peor que ser clavado a una cruz y dejado allí para morir. Era tan terrible que a menudo los condenados morían mientras recibían los azotes.

A nuestro Salvador le ataron las manos por encima de la cabeza. Luego un vigoroso soldado romano, con todas sus fuerzas, azotó a Jesús con ese látigo. Treinta y nueve veces este azote de nueve ramales del centurión arrancó la carne de nuestro Señor hasta que sus costillas y los huesos de la espalda quedaron a la vista.

Con aquellos treinta y nueve azotes que laceraron su espalda, Jesús tomó para sí *nuestra* miseria, nuestro dolor y nuestras enfermedades. El sufrió la agonía de todas las enfermedades conocidas. Sufrió para que el sufrimiento de cada uno de nosotros fuese aliviado, a fin de que pudiésemos decir: "Por sus llagas yo estoy curado."

Esta sanidad no es algo que va a suceder si tú pronuncias las palabras, o si oras. ¡Eso es algo que *ya* ha sido hecho! Exactamente como cuando fuiste salvado el minuto en que aceptaste el sacrificio de Jesús en la cruz; de igual manera serás sanado el minuto en que tú realmente veas que Jesús ya ha pagado el precio por tu sanidad.

La flagelación y crucifixión de Jesús no fueron agradables. Fueron actos inhumanos que podrían ser calificados de bestiales. Lo que deberíamos comprender siempre, sin embargo, es que desde su temprana edad, Jesús sabía cuál sería su fin en este mundo. A pesar de ello, nos amó tanto, que caminó resuelto a la cruz para que nosotros los que le pertenecemos a él, pudiésemos decir una y otra vez que: "Por su llaga yo soy curado."

Enrique Gallers, de Wanganui, Nueva Zelanda, me contó esta triste historia cuando estuve últimamente en ultramar dirigiendo cruzadas:

"El 25 de abril de 1952, algunos creyentes estaban celebrando una reunión de muchas horas en Wanganui. Esta es una clase de reunión que siempre sigue a una reunión de tipo formal. El ministro había hecho énfasis esa noche, sobre el Espíritu Santo. Se había recalcado que no hay un Maestro tan poderoso como el Espíritu Santo. Sólo él sondea las profundidades de Dios y nos las revela.

"Un joven de quince años había recibido el Espíritu Santo y la alegría reinaba en la congregación. Sin embargo, cuando la madre del muchacho estaba contemplándolo, observó con inquietud que el muchacho no estaba contento y que su rostro pálido denotaba languidez y pena. Ella comenzó entonces a preocuparse por la apariencia nada normal de su hijo.

"Más tarde ese muchacho nos explicó lo que le había sucedido. Cuando él había estado reflexionando sobre el gran sacrificio que Jesús había hecho por él, tuvo una visión de la flagelación de Jesús. Por eso es que él no se sentía feliz. El había visto a nuestro Señor amarrado, colgando de las muñecas, suspendido de manera que sus pies apenas si tocaban el suelo. El vio al soldado infligiendo a Jesús el primer azote con aquel látigo.

"Ese joven, como muchas otras personas, había tenido la idea de que debido a que Jesús era de carácter dulce, su apariencia debía haber sido ¡la de un hombre de constitución delicada y frágil! ¡Pero eso no es verdad! Para andar toda la distancia que Jesús recorrió por aquellos cerros de Galilea, llenos de polvo y soportando calor intenso, se necesitaba tener una constitución fuerte y saludable. Además, a veces la gente olvida que Jesús tenía solamente 33 años cuando fue crucificado. En su visión, el muchacho vio las espaldas vigorosas y los hombros recios de Jesús, con una musculatura tan fuerte que le permitió cargar aquella cruz tan pesada. Sin embargo, a pesar de la fortaleza de su cuerpo, aquel látigo de nueve ramales hirió sus espaldas y le produjo el mismo dolor que tú o yo hubiésemos sufrido en ocasión semejante. El látigo del soldado romano dejó ese día en las espaldas de Jesús un profundo surco. Cortó su carne y derramó su sangre. Pero Jesús pudo soportar toda esa flagelación.

"El conocimiento previo que el muchacho tenía sobre la flagelación de Jesús era muy limitado. Cuando se arrodilló para orar, ni siquiera tenía idea de lo que era una flagelación. Inesperadamente, sin embargo, justo ante sus ojos cerrados apareció la simbólica visión en el nivel espiritual de lo que había sucedido hacía tantos siglos.

"Con los ojos de la imaginación, vio a una gran muchedumbre de pie en el lugar. No era una muchedumbre como aquella que había presenciado realmente aquel castigo en Jerusalén. En vez de eso, lo que él vio fue una gran cantidad de personas que estaban lisiadas o enfermas. Algunas de ellas tenían muletas y otras se sostenían por otros medios. El sólo presenció uno de los treinta y nueve golpes que recibió nuestro Señor. Pero así que el látigo rebotaba después de aquel golpe cortante, pedazos de carne y chorros de sangre se esparcían por sobre la muchedumbre. Milagro de milagros, y con toda la gloria para Dios, en cualquier parte en que la partícula **más** pequeñita de carne o la **más** leve gota de sangre cayese, la persona sobre la cual caía era **instantáneamente** curada, y ¡sanaba completamente!

"Esas personas arrojaban sus muletas y se ponían a caminar, demostrando que se habían curado. Allí aparecía el cuerpo quebrantado, allí estaba la sangre derramada para que ellos se curasen.

"La gota más insignificante de sangre que se **pueda** imaginar proveniente de aquel golpe estaba llena **del** poder de sanar. Cuando tú piensas que Jesús soportó no uno, sino treinta y nueve azotes, que le hicieron llagas, y todo lo que él sufrió y aceptó con resignación, puedes comprender entonces la causa del **poder** de sanidad que *aún* fluye para todos los que simplemente digan con toda su intención: 'Por su llaga estoy sano.' La visión que tuvo el **muchacho** fue simbólica. La multitud que él vio no era la multitud que realmente presenció la flagelación de Jesús. Nosotros estábamos entre los enfermos y lisiados que fueron curados por sus llagas.

"Cuando el muchacho se puso de pie, la alegría inundaba su faz. Nunca más se angustió por la sangre y las heridas abiertas de Jesús. El pasó a pensar únicamente en el amor que Jesús tiene para nosotros; puesto que al permitir que su sangre se derramase, él nos ofreció la sanidad a todos nosotros."

Mucha gente puede pensar que yo he exagerado el texto "Por su llaga estoy sano" pero a este respecto yo sé dos cosas: primero, que esto es lo que la Biblia dice; y, segundo, si tú eres hijo de Dios, debes decir lo que dice la Biblia a fin de que puedas conseguir los resultados que promete la Biblia. Debes poner tu creencia en palabras. Puesto que Jesús tuvo tanto amor por mí hasta llegar al extremo de someterse a esa cruel flagelación y dejar que su cuerpo colgase de aquella cruz tosca al pie del monte Calvario, yo he decidido seguirlo. Yo sé que por esa adhesión él me conducirá, no solamente aquí por corto tiempo, sino, lo que es más importante, para después de esta vida por toda la eternidad. Yo he sido rescatado y el precio de mi rescate es aquella sangre, y tú también has sido igualmente rescatado.

Debes adquirir el hábito de citar la Palabra de Dios. Esta forma de hablar puede volverse un hábito en ti. El Espíritu Santo vivirá cada día en ti. La gracia de Dios será evidente en tu vida. Y ella te conducirá hacia resultados espectaculares.

Recientemente el Rdo. Jens Jensen y su esposa, que antes habían sido pastores en Linn Grove, Iowa, me refirieron el siguiente testimonio:

"Una tarde, nosotros tres, mi esposa, yo y nuestra hija de catorce años, estábamos sentados en la sala de nuestra casa, hablando acerca de la bondad de

Dios y rindiéndole culto en alta voz mientras hablábamos de él.

"Ester, nuestra hija, estaba sentada en su silla de ruedas. Había padecido de tuberculosis de los huesos durante dos años. Por sus úlceras abiertas desde el tobillo hasta el muslo aparecían los huesos en algunas partes. Había guardado cama por más de un año, y a menudo se le ulceraba la piel en diversas partes del cuerpo. En esos días en que ella estaba experimentando una mejoría temporaria, había podido levantarse para sentarse en la silla de ruedas y permanecer allí la mayor parte del día.

"En ese preciso momento no estábamos realmente orando por la recuperación de Ester, aun cuando ya lo habíamos hecho en ocasiones anteriores. En aquel momento estábamos simplemente diciéndole al Señor *nuevamente* cuán felices éramos por tener el privilegio de pertenecer a él. Sin pensarlo, tuvimos el ímpetu de acercarnos a la silla de Ester y poner las manos sobre su cabeza. Aquella tarde, la manifestación del Espíritu Santo fue tan real para todos nosotros que llegamos a percibir su presencia allí en la sala. Inmediatamente sentimos que algo maravilloso estaba sucediendo en nuestras vidas.

"A partir de aquella tarde, comenzamos a notar continuos cambios en Ester. Ella no se sanó dramáticamente de un momento al otro, pero Dios ciertamente se hizo cargo de su curación. Las úlceras comenzaron a sanar hasta que todas se cerraron completamente. Al final, pudo dejar la silla de ruedas y caminar por toda la casa. Luego, para la gloria de Dios, llegó el día en que pudo prescindir absolutamente de todo apoyo y reintegrarse a las actividades normales de una jovencita de catorce años. Las cicatrices todavía están ahí para que recordemos la misericordia de Dios, pero actualmente Ester está saludable, gozando de felicidad en su matrimonio, y ya es madre de nuestros dos nietos. Se imagina usted, ¡cuán incesantemente alabamos al Señor!"

¡Cómo le gusta a Dios oírnos decir las palabras que reflejan su bondad hacia nosotros, y declaran nuestra lealtad y obediencia a Jesucristo, nuestro Señor y Salvador!

Tú puedes leer las grandes verdades de la Palabra, verdades que prometen que la salud y la sanidad pueden ser tuyas. Puedes decir: "Yo creo que ellas son verdaderas." Pero debes reclamar estas promesas para ti mismo, y actuar de acuerdo con ellas y hablar respecto de ellas, a fin de obtener el beneficio anhelado.

Dios puso tus enfermedades sobre Jesús: "Quien llevó él mismo nuestros pecados en su cuerpo sobre el madero, para que nosotros, estando muertos a los pecados, vivamos a la justicia; y por cuya herida fuisteis sanados" (1 Pedro 2:24). El dice: "Tú fuiste sanado." Tiempo pasado. *Tú has sido* ya sanado. Por lo tanto, no tienes enfermedades, posees salud. Por ejemplo, *tu* artritis no es nunca más *tuya*, pues ¡pertenece al diablo! Satanás trajo el pecado y las enfermedades a este mundo, pero él tiene que someterse a la autoridad del nombre de Jesús, y la enfermedad debe desaparecer. El no puede poner sus dolencias sobre ti por más tiempo.

Si tú eres creyente nacido de nuevo, puedes con toda confianza exclamar: "Por su llaga yo soy sanado."

LO QUE TIENES QUE HACER DESPUES QUE TE HAN IMPUESTO LAS MANOS

1. Tú has actuado de acuerdo con las palabras de Jesús: "Y estas señales seguirán a los que creen... sobre los enfermos pondrán sus manos, y sanarán" (Marcos 16:17-18). Tú, como creyente, puedes haber puesto tus propias manos sobre ti mismo para curarte, u otro creyente puede haber puesto las manos de él sobre ti para tu sanidad. En cualquiera de los dos casos, puedes tener la gran seguridad de que se realizará lo que Jesús ha prometido, porque él está atento a que su Palabra se cumpla. Esta es una promesa muy positiva: tú sanarás. Jesús no dijo: "Tú podrías sanar", o "Espero que te sanes", o "Es posible tu mejoría." ¡No! Sin restricciones, Jesús declaró: "¡Tú sanarás!" ¡Alabado sea el Señor porque te estás recobrando ahora!

2. Si no has recibido un milagro instantáneo, no te descorazones. Cuando Jesús anduvo por este mundo, sanó a la gente de diversas maneras: muchos fueron sanados instantáneamente; otros fueron sanados gradualmente. Ya sea que tú sanes inmediatamente o que tu mejoría se presente en forma gradual, puedes continuar tu camino alabando su nombre con la completa seguridad de que él está cumpliendo su Palabra contigo.

3. Comienza confesando tu sanidad. "Yo estoy sanando. Jesús así lo dijo y yo creo en su Palabra. Yo no me preocupo de cómo luzco, cómo me siento o cómo otros piensan en cuanto a lo que yo parezco. Yo he aceptado la Palabra de Jesús y me estoy sanando."

4. Santiago, en el capítulo uno de su libro declara que cuando pides algo a Dios debes pedirlo con absoluta fe, no dudando nada. "Porque el que duda... no piense, pues, quien tal haga, que recibirá cosa alguna del Señor." *Cosa alguna* incluye la sanidad. Tu papel en este drama de la fe es poseer una confianza inquebrantable de que el Señor cumplirá con su Palabra. Si tú vacilas en la fe, entonces te niegas a ti mismo la sanidad del Señor. No vaciles cuando confieses tu fe. Confiesa que "por su llaga yo estoy curado".

5. Hasta que tu sanidad se haya manifestado completamente, te verás envuelto en una lucha de fe. No es ésa una lucha contra Dios o su Palabra, sino una lucha contra el ladrón que vino a matarte, robarte y destruirte (Juan 10:10). En este conflicto usa las armas que se vuelven poderosas ante Dios para librarte de las fuertes ataduras de Satanás. Confiesa sin vacilar, con todo arrojo: "Por sus llagas yo estoy curado."

6. Actúa como si estuvieses mejorando. Comienza a hacer cosas que no podías hacer antes. Ensalza al Señor porque estás mejorando. Cuando otros te pregunten por tu salud, simplemente partícipales el hecho de que estás recobrando tu salud, porque Jesús así lo dijo.

7. El diablo no quiere que te mejores. He aquí como tratarlo: "Satanás, yo te reprendo en el nombre de Jesús, porque está escrito: 'Sobre los enfermos pondrán sus manos, y sanarán.' En el poderoso nombre de Jesús, yo estoy recuperando mi salud."

8. Dios no hace acepción de personas. Millares de personas han sido curadas mediante el ministerio de la imposición de manos. Lo que Dios ha hecho por otros, lo está haciendo por ti también. ¡Ensálzalo a él por tu recuperación!

Capítulo Catorce

COMO NO OBTENER LO QUE DICES

Recuerdo una vez al comienzo de mi ministerio cuando mis ruegos quedaban sin respuesta, cuando la corriente espiritual no se manifestaba claramente. Descubrí que esto había sucedido porque yo había permitido que se formaran dentro de mí bloqueos espirituales y eso era lo que impedía la acción del Espíritu Santo.

Realmente mi problema era muy serio. Aparentemente, un ministro de más edad que yo se había propuesto destruir mi carrera de ministro. Me daba un pesar tras de otro, lanzando acusaciones falsas contra mi persona y esparciendo historias carentes de verdad que se referían a mí. Me sentía por eso completamente acongojado.

Cierto día un amigo, también ministro, vino a verme. "Don", me dijo, "yo me doy cuenta de todo el mal que estas acusaciones te hacen a ti y a tu ministerio. Toma este cheque y úsalo para publicar una contestación a los cargos falsos que ese hombre está haciendo contra ti. *Te está arruinando*."

Yo acepté. Durante algunos días me puse a escribir una contestación que revelase abiertamente la clase de hombre que era mi adversario, un mentiroso y un calumniador, un arruinador de reputaciones. Durante todo el tiempo que pasé quejándome interiormente de aquel ministro, tratando de poner en el papel las declaraciones que me vindicarían, me sentía girando en un torbellino. No tenía paz. Aun mis oraciones parecían salir sólo de mis labios y no de mi corazón.

Al final, me quebranté bajo el peso de aquellos malos espíritus. Me encontré con Dios en un momento de ferviente oración mientras confesaba que el Espíritu Santo no se estaba manifestando en mi vida en aquellos días puesto que yo estaba buscando retribución personal. Oré para que el Espíritu Santo me guiase a través de esas tinieblas.

El Espíritu Santo me demostró que yo había estado equivocado. Entonces mi actitud cambió. En vez de odiar a ese hombre y tratar de vengarme de él, fui renovado por el Espíritu Santo. Descubrí que el Espíritu había llenado mi corazón con el amor de Dios, y con todo ese amor yo pude pensar claramente y ver a ese hombre a través de los ojos de Dios que es todo bondad, perdón y ternura. Esta fue una de las más grandes experiencias sobrenaturales que jamás había tenido: el Espíritu del Señor me ayudó a perdonar a aquel hombre completamente, en un momento en que yo, sin el Espíritu, lo odiaba y sólo deseaba vengarme.

La Biblia nos dice que la venganza es asunto de Dios. "No os venguéis vosotros mismos... sino dejad lugar a la ira de Dios; porque escrito está: "Mía es la venganza, yo pagaré, dice el Señor" (Romanos 12:19). Dios se venga de nuestros enemigos porque él es justo, y porque nos ama. Sin embargo, un espíritu rencoroso es tan destructivo que debemos tener presente que no debemos sentirnos felices cuando Dios *se venga* de nuestros enemigos. "Cuando cayere tu enemigo, no te regocijes, y cuando tropezare, no se alegre tu corazón; no sea que Jehová lo mire, y le desagrade, y aparte de sobre él su enojo" (Proverbios 24:17-18).

Durante el tiempo que yo estaba preparándome para refutar al ministro que me había difamado, estaba desobedeciendo las órdenes de Jesús que dicen: "No resistáis al que es malo; antes, a cualquiera que te hiera en la mejilla derecha, vuélvele también la otra" (Mateo 5:39). Pero yo no solamente estaba desobedeciendo una de las órdenes expresas de Dios, sino también estaba haciéndole imposible a Dios que me perdonase, "porque si perdonáis a los hombres sus ofensas, os perdonará también a vosotros vuestro Padre celestial; mas si no perdonáis a los hombres sus ofensas, tampoco vuestro Padre os perdonará vuestras ofensas" (Mateo 6:14, 15). No es de extrañar que mis ruegos fuesen por eso obstaculizados. Esto es porque Jesús dijo "y cuando estéis orando, perdonad, si tenéis algo contra alguno, para que también vuestro Padre que está en los cielos os perdone a vosotros vuestras ofensas" (Marcos 11:25).

El odio, ira, envidia, rencor y demás emociones similares nos hieren más a nosotros mismos que lo que hieren a nuestros enemigos. Por lo tanto, si nuestra fe es grande y nuestras oraciones son persistentes, hay una sola cosa que impide que recibamos respuesta, y ésa es el pecado impenitente. Isaías 59:1,2 dice: "He aquí que no se ha acortado la mano de Jehová para salvar, ni se ha agravado su oído para oír; pero vuestras iniquidades han hecho división entre vosotros y vuestro Dios, y vuestros pecados han hecho ocultar de vosotros su rostro para no oír." ¡Qué situación tan terrible para un creyente no poder hablar a Dios! Cuando comprendemos todo el mal que nos provoca nuestro resentimiento, vemos que nos resulta mejor dejar que nuestros enemigos se alejen con su delito y perdonarlos en vez de anidar un rencor y cortar de ese modo nuestra comunicación con Dios. Dios conoce el corazón de nuestros enemigos y si la ofensa fue intencional, Dios la hará pagar.

Una vez que comprendas la destrucción que acarrea para ti la "venganza", podrás pedir a Dios que te aparte de toda clase de resentimiento. Que es posible librarse verdaderamente de estos sentimientos, yo lo sé, no sólo por mi propia experiencia, sino también porque las Escrituras lo aseveran. Hechos 13 refiere la historia de dos de los más fieles siervos de Dios, ambos hombres llenos del Espíritu Santo. Pablo y Bernabé se encontraban predicando y enseñando en Antioquía. Pablo les dijo a los gentiles que él y Bernabé habían ido a Antioquía porque Dios los había enviado allí para servirles de luz, a fin de que la salvación pudiese llegar a todos los rincones de la tierra. Cuando los gentiles oyeron eso, se regocijaron y glorificaron a Dios, y todos aquellos que creyeron recibieron la gracia del Espíritu y fueron escogidos para la vida eterna. Los judíos, sin embargo, incitaron a los hombres y mujeres devotas en contra de Pablo y Bernabé y los echaron de la ciudad. Pablo y Bernabé salieron, y ¡fueron llenados con el gozo del Espíritu Santo!

Pablo y Bernabé no tuvieron deseos de vengarse. El ser que está lleno del Espíritu Santo no busca vengarse, sino que más bien, jubilosamente, refleja la presencia de Dios que está en su interior. Las palabras de Pablo eran llenas de confianza en Cristo. Porque él pronunció esas palabras, lo recibieron con desdén y mofa. El sin embargo, sabía que el Espíritu Santo había prometido poder, por lo tanto, nunca dudó al pronunciar la Palabra. Esto es lo que te sucederá a ti, cuando el Espíritu te llene de gracia.

COMO VENCER EL RENCOR

Haz esta confesión personal de fe. Todo lo que confieses, lo obtendrás. Cuando digas lo que Dios dice acerca de este asunto vital, poseerás lo que él haya provisto para ti: el don divino de perdonar a todos.

1. Si yo perdono a mis semejantes sus ofensas, mi Padre celestial también perdonará mis ofensas contra él (Mateo 6:14). Porque si yo no perdonase a los hombres sus ofensas contra mi persona, consecuencias mucho más serias que las que pudiera imaginar caerán sobre mí. "Tampoco vuestro Padre os perdonará vuestras ofensas" (Mateo 6:15).

2. Si yo tuviese rencor en mi corazón hacia los demás, sin importarme el tamaño de las ofensas que me hicieron, estoy abriendo mi corazón para que entren otros siete espíritus más malos que el rencor (Lucas 11:26). Aquí tenemos otros siete espíritus que son semejantes al rencor, pero que son aún más malos que éste:

> Resentimiento
> Mala Voluntad
> Envidia
> Malicia
> Venganza
> Amargura
> Odio

3. Cuando examino esta lista de los siete espíritus que son peores que el rencor, siento que ellos son progresivamente degradantes.

¿Cómo puedo librarme del rencor? ¿Cómo puedo resistir estos malos espíritus en el nombre de Jesús, para que me dejen? Podemos ser "benignos unos con otros, misericordiosos, perdonándoos unos a otros, como Dios también os perdonó a vosotros en Cristo" (Efesios 4:32), y a mí también. La bondad es un fruto del Espíritu, la cual cuando va unida a la misericordia, me permite perdonar a todos aquellos que me han ofendido, así como Dios me perdonó en Cristo.

4. Si yo tengo una pelea con alguien, debo perdonarlo. Así como Dios me ha perdonado, yo también perdono a los demás (Colosenses 3:13). La Palabra de Dios es tan práctica y poderosa: ella me enseña lo que debo hacer aun si me veo comprometido en una pequeña disputa.

5. El don que Dios me ha dado para perdonar a los demás es ilimitado. Jesús me ha ordenado que perdone si es necesario "setenta veces siete"; es decir que yo no posea una capacidad natural, sino una capacidad sobrenatural para el perdón, mediante la cual puedo perdonar a los demás.

6. Los mayores problemas que encuentro en la vida bien pueden llamarse "problemas de la gente". Vivo en un mundo donde las comunicaciones pueden interrumpirse; la persecución, la oposición pueden ser mi cruz. Pero yo conozco el secreto. Poseo la capacidad de amar con el amor de Dios. Su amor me permitirá mirar a los demás con miradas llenas de tierno amor y compasión.

7. No me gusta hablar mal contra aquellos que me han ofendido. Dios me ha dado la capacidad de perdonar y de olvidar. "Otros siete espíritus" pueden a menudo, tratar de entrar en mi vida, pero yo valientemente los rechazo en el nombre de Jesús.

8. Algunos dicen: "Yo perdonaría a los demás, solamente si ellos me pidiesen que los perdone." Ya sea que ellos alguna vez me pidan perdón o no, desde el fondo de mi corazón, yo perdono y pongo a todas las ofensas bajo la sangre de Jesús. Puesto que pertenezco a Jesús, perdono a los demás. Por el poder de liberación de la sangre de Jesús, me veo libre de los "otros siete espíritus".

Capítulo Quince

¡COMIENZA A HABLAR!

Hace muchos años yo estuve en Asia, trabajando allí entre los musulmanes. Procuraba que se convirtieran a Jesucristo. Les explicaba que Jesús es el Hijo *viviente* de Dios, y que él es el único medio de salvación que tiene la humanidad. Ponía todo mi amor en ese trabajo. Trataba arduamente, cada día, de caminar con Dios y de agradarle: no obstante, todo se presentaba muy difícil para mí. Un obstáculo tras otro se levantaba en mi camino. Tenía la impresión de que mi trabajo no avanzaba.

Un día recibí un cablegrama de mi esposa que estaba en el Canadá. Para colmo de los problemas que tenía en Asia, el mensaje cablegráfico contenía noticias personales muy desalentadoras. Así pues, yo necesitaba desesperadamente que Dios se hiciese cargo de la situación y removiese de mi camino todos esos obstáculos que solamente él podía comprender. Mientras que la comprensión humana de toda una situación está siempre limitada a nuestro propio y estrecho punto de vista y a nuestra limitada percepción de lo que está sucediendo, ¡Dios, en cambio, que es omnisciente lo ve todo! El sabía lo que estaba sucediendo en el Asia, y sabía lo que le pasaba a mi familia en el Canadá.

Tenía que hablarle a Dios. Le pedí que se pusiera al frente de la situación y que me diese a mí un lugar secundario. No podía encontrar respuestas a los muchos problemas que me confundían. Mis oraciones *sí* me dieron buenos resultados. Mi propia vida consiguió la paz que necesitaba desde el momento en que confié en Dios para que arreglase los problemas de mi familia y se hiciera cargo de mis limitaciones para convencer a los musulmanes. Y él así lo hizo.

Hace unos días, entre mis papeles, encontré el cuaderno de notas en el cual había escrito los fundamentos para elevar una plegaria cuando me preparaba para presentar a mi Padre celestial la situación desesperante por la que atravesaba en aquellos días. Yo había anotado del Salmo 116:1: "Amo a Jehová, pues ha oído mi voz."

¿Cómo te sientes cuando amas a alguien que conoces? Si te prohibiesen hablar con esa persona amada, ¡qué pena tendrías! Al contrario, si esa prohibición fuese quitada y se te permitiese hablar nuevamente con dicho ser querido, ¡qué alegría sentirías! Eso es exactamente lo que sucede con nuestras relaciones con Dios, si es que verdaderamente le amamos. Si le amamos sinceramente, sentimos deseos de hablar con él, de pedirle ayuda y protección para nuestra vida; sentimos la necesidad de hacerle saber lo mucho que le amamos, exactamente en la misma forma que deseamos hacer saber a nuestros seres queridos aquí en la tierra cuánto *los* amamos. Deseamos hacerle regalos a Dios, del mismo modo que deseamos obsequiar a nuestros seres queridos aquí en la tierra. Deseamos hablar con otras personas de sus maravillosas cualidades, como cuando nos sentimos orgullosos de publicar las cualidades sobresalientes de aquellos que amamos y estimamos. Pero sobre todo, sentimos la necesidad de estar cerca de él, de hablarle, de escucharle, si es que realmente le amamos. Aquella "plática con Dios" es nuestra plegaria.

Cuando era niño, rogaba a Dios que mantuviese nuestro hogar unido. A pesar de cualquier indicación contraria, ¡el Señor así lo hizo! El hogar de mis padres, aun cuando a menudo estuvo amenazado de disolverse permanentemente por el divorcio, cada vez volvió a unirse solamente debido al milagro concedido como respuesta a mis oraciones. Yo rogaba a Dios para que salvase a toda mi familia; y ellos estaban clasificados por muchos como entre los más empedernidos pecadores, indiferentes, irresponsables e improbables candidatos que jamás se enfrentaron al Señor. Pero la especialidad de Jesús es justamente eso, salvar pecadores, tal como lo hizo con mi familia. Si el Señor, mediante la oración, salvó a *mi* familia, puedes tener esperanzas de que tus familiares, no importa cuán duros de corazón sean, pueden ser atraídos hacia Jesucristo.

Siendo todavía un joven ministro, oraba fervientemente para que Dios me hiciese un ministro de la clase que él deseaba que fuese. Poco sabía yo entonces que él iría a responder a esos ruegos, bautizándome con el Espíritu Santo y concediéndome un ministerio ungido para la salvación, en los años venideros.

Yo rogaba a Dios que me diese la oportunidad de predicar por la radio. El respondió favorablemente a ese ruego. En efecto, me ha concedido el privilegio y la responsabilidad de transmitir el evangelio por el aire en ochenta y nueve naciones diferentes de todo el mundo.

¡Cómo rogué para que el Señor me hiciese ganador de almas! Alabado sea él que ha respondido a ese ruego usándome para convertir a miles de fieles al evangelio, pues yo he tenido la satisfacción de guiarlos al Salvador. Alabado sea Dios por su maravillosa respuesta a aquella plegaria, porque eso significa que nuevas almas vivirán en el cielo por toda la eternidad.

Yo rogué a Dios para que guiase a todos mis hijos hacia la personal aceptación de Jesucristo como el Salvador, y él lo hizo. Cada uno de ellos ha sido bautizado en agua y bautizado con el Espíritu Santo.

La oración no es solamente un privilegio bendito, pues a medida que aprendemos a conocer a Jesús, llegamos a darnos cuenta de que la oración es el aliento vital de la vida cristiana. Cuando cesa ese aliento, cesa la vida. Cuando la oración enmudece es porque ha cesado la vitalidad de la vida espiritual de ese cristiano.

Hace muchos años, el Espíritu Santo me reveló el poder y la autoridad que podemos disfrutar en Jesús. Durante ese tiempo, yo me encontraba predicando diariamente por las radioemisoras de Lodi y Modesto, en California. Fue entonces que supe que Jesús nos ha dado el derecho de hacer las obras que él hizo; en efecto, promete ¡que nosotros las vamos a hacer! El dice en Juan 14:12-14: "De cierto, de cierto os digo: El que en mí cree, las obras que yo hago, él las hará también; y aun mayores hará, porque yo voy al Padre. Y todo lo que pidiereis al Padre en mi nombre, lo haré, para que el Padre sea glorificado en el Hijo. Si algo pidiereis en mi nombre, yo lo haré."

A través de todos estos años que han pasado desde entonces, he compartido con multitudes de creyentes nuestros derechos y privilegios para reclamar la autoridad que Jesús nos ha dado. Colosenses 3:17 dice: "Y todo lo que hacéis, sea de palabra o de hecho, hacedlo todo en el nombre del Señor Jesús, dando gracias a Dios Padre por medio de él." A medida que lo hemos hecho, el enfermo se ha sanado, los demonios se han alejado, la salvación ha llegado a aquellos que anteriormente habían rechazado a Dios; y todo eso se ha obtenido pidiendo en las oraciones en el nombre de nuestro Señor Jesucristo.

Ningún hombre hace estas cosas. Sólo Jesucristo puede hacerlas y en efecto las hace. Pero él usa a los hombres como canales mediante los cuales las palabras emitidas por ellos tienen el poder de ganar a sus semejantes. Las palabras efectúan estos milagros mediante Cristo. Cuando nos enfrentamos con algunas condiciones de vida aparentemente inalterables e insufribles, percibimos que la tragedia está presente en esas vidas. Y es el Espíritu Santo el que hace que nos preocupemos. Nosotros, entonces meditamos; creemos, hablamos a Dios. Llegamos hasta su trono con nuestras plegarias, nuestras palabras basadas en nuestra creencia de que Dios nos está escuchando y de que él nos responderá. Nuestras palabras salen, en busca de ayuda para nosotros mismos y para todos aquellos que necesitan que Dios cure sus espíritus, sus mentes y sus cuerpos. Jesús se convierte en nuestro abogado intercediendo ante Dios por toda la humanidad.

La revista *Logos* publicó un retrato del señor Guillermo Hinderlider, residente de Los Angeles en la fecha de la publicación. El señor Hinderlider integra la Junta de Ancianos del Angelus Temple de Los Angeles. El ejerce su ministerio en favor de los enfermos en los hospitales de Los Angeles y de los visitantes forasteros provenientes de todos los rincones de América. ¡El señor Hinderlider tiene ahora ciento siete años! Y él agradece a Dios por haberle dado una larga vida en la cual le ha sido posible servir en el nombre de Jesús. El da fe que la oración es escuchada.

T. L. Osborn, en su libro *Joven en la fe,* revela algunas verdades importantes que permanecen latentes en nuestros deseos y habilidad de "entablar comunicación" con Dios. Dios quiere que nosotros expresemos el deseo de nuestros corazones mediante nuestras plegarias hacia él. Oh, él *sabe* lo que nosotros necesitamos, pero espera que nosotros se lo confirmemos con palabras como reconocimiento de que él es nuestro Señor. El espera que le manifestemos la fe que tenemos de que él puede hacer lo que nos ha prometido. El quiere que nosotros hagamos efectivas esas promesas.

El señor Osborn observa con asombro que algunas personas se vuelven "viejas", no maduras, simplemente "viejas", en su fe a una temprana edad. Debido a la actitud indiferente que tiene con respecto a la oración, mucha gente de mediana edad languidece en su fe. Esto sucede porque no hay ninguna infusión del Espíritu Santo, esa clase de fortalecimiento que recibe una persona que ora en busca de una nueva verdad, de nuevas fuerzas para cada día, puesto que todos los días ella se acerca a Dios con sus oraciones.

El señor Osborn continúa diciendo que la gente que obtiene respuestas a sus ruegos es aquella que ora. Aparentemente, eso parecería una conclusión obvia. Sin embargo, lo que el señor Osborn quiere decir es que las oraciones sin respuesta pueden ser rituales. Las oraciones que obtienen respuesta, sin embargo, son eventos de regocijo y bendición.

Así pues, el éxito reside exactamente en las palabras. Dios no está interesado en tu elocuencia pomposa cuando te diriges a él, ya sea en público o en privado. Dios está únicamente interesado en la simplicidad y honestidad de tu creencia en él. En Mateo 6:5-6, Jesús dijo: "Y cuando ores, no seas como los hipócritas; porque ellos aman el orar en pie en las sinagogas y en las esquinas de las calles, *para ser vistos de los hombres;* de cierto os digo que ya tienen su recompensa. Mas tú, cuando ores, entra en tu aposento, y cerrada la puerta, ora a tu Padre que está en secreto; y tu Padre que ve en lo secreto te recompensará en público." Jesús decía que aquellos que oran para ser oídos de los hombres, ya han recibido su recompensa, por haber orado así puesto que, *ellos han sido oídos* por los hombres a quienes querían impresionar. Y ésa es su única recompensa. Aquí, Jesús no condena a los oradores públicos; sino que él dice: "Ten cuidado del motivo que te induce a orar."

Hace muchos años, conocí a una señora pentecostal, cuya vida fue una prueba continua del poder de la oración y la alabanza. Un día en que yo estaba deprimido y me sentía, muy a mi pesar, falto de espiritualidad, fui a visitarla. En la pared de su casa había un lema que contenía únicamente estas tres palabras: "Pruebe la alabanza." Eso me pareció exactamente como si Dios hubiese observado mi desequilibrio espiritual y me hubiese dicho: "Don, prueba y alábame." ¡Aquellas palabras, fueron tan claras como tiernas para mí!

Mi amiga me contó que ese lema había tenido mucho significado en su vida, siguiendo su mandato, ella había elaborado una fórmula práctica de procedimiento para sus propios problemas y sus momentos de desesperación y desaliento. Primero, ella iba a orar, rogando al Señor que la ayudase y guiase. Después, ella tomaba su Biblia y buscaba un pensamiento que definitivamente pudiese guiarla en su caso particular. Puesto que la Biblia *es* la Palabra de Dios, él a menudo habló a su corazón y mente abierta a través de un versículo de las Escrituras asegurándole de que Dios estaba trabajando mediante su fe en él. Después de eso, ella nunca volvía a solicitar a Dios ayuda sobre este asunto en particular. "Estar pidiendo todos los días parece como si dudásemos de él", dijo esta señora. "Yo únicamente le recuerdo a Dios su promesa y le agradezco por la respuesta, que ya está en camino."

Estas palabras eran las que determinaban la diferencia en la vida de aquella amable mujer. Mantenía delante de sí el significado de su lema; únicamente aquellas tres palabras. Ella ofrecía sus palabras de petición y alabanza a Dios. Luego buscaba la Palabra de Dios sobre el asunto que la preocupaba. En su corazón, escuchaba como si Dios le hablase con su Palabra. Después de eso, esta señora usaba sus palabras sólo para recordarle a Dios que estaba esperando pacientemente que se cumpliera su voluntad. ¡Y lo que ella decía era lo que recibía!

Es muy bueno orar cuando estamos en dificultad, pero también podemos alabar cuando nuestros ruegos parecen no ser escuchados. Tales palabras de alabanza agradan a Dios, porque él sabe que le estamos expresando nuestra fe inquebrantable y nuestra profunda confianza.

Esta fue la experiencia de fe en Dios del profeta Habacuc, pues él había orado: "¿Hasta cuándo, oh Jehová, clamaré, y no oirás?" (Habacuc 1:2). Pero cuando él comenzó a alabar a Dios, su espíritu se elevó hasta que pudo decir: "Aunque la higuera no florezca, ni en las vides haya frutos, aunque falte el producto del olivo, y los labrados no den mantenimiento, y las ovejas sean quitadas de la majada, y no haya vacas en los corrales; con todo, yo me alegraré en JEHOVA, y me gozaré en el Dios de mi salvación" (Habacuc 3:17-18).

Muchos son "expertos en pedir" a Dios, pero no consiguen tener éxito en recibir del Señor. Cuando le pedimos algo a nuestro Padre celestial, deberíamos comenzar luego a esperar su respuesta, aun antes de que hubiésemos visto o sentido la evidencia. Oremos con esa fe, o mejor no oremos nada, porque "Es, pues, la fe la certeza de lo que se espera, la convicción de lo que no se ve" (Hebreos 11:1). Si pudiéramos *ver* los resultados, aquellos por los cuales habíamos estado orando, no necesitaríamos más pedir a Dios. Debemos *creer* que Dios oye, aun cuando todo lo que nos rodea pudiese estar indicando lo contrario.

Si oras en el nombre de Jesús y todavía no recibes respuesta a tus ruegos, pues continúas sufriendo necesidades y nada sobrenatural te ha ocurrido, eso puede significar que posees una *fórmula* sin ningún poder. Marcos 11:25 te advierte que te acerques a Dios con tu oración, lleno de amor y perdón en tu corazón: "Y cuando estéis orando, perdonad, si tenéis algo contra alguno, para que también vuestro Padre que está en los cielos os perdone a vosotros vuestras ofensas." Ni siquiera intentes vengarte de aquellos que te han engañado. Eso obstaculizará tus ruegos. Límpiate y exalta ante Dios en tus oraciones a aquellos que te han maltratado. Ruega por cada uno llamándolos por su nombre, y practica palabras de perdón. Como siempre, tus palabras harán de ese perdón una realidad. Lo que tú hablas a menudo y afirmas se convierte en creencia. Tu creencia determina tus actos, y ellos se vuelven tu forma de vida.

Comenzarás ese proceso repitiendo las Escrituras, pero finalmente, para la satisfacción de tus necesidades, para tu salvación y para darte a ti mismo fortaleza espiritual cada día, debes comenzar hablando a Dios. Cuando tú descubres que él, sobre todos los demás, es tu Amigo, nunca más dejarás de conversar con él mientras te da aliento para repetir tus oraciones.

Entonces, ¡aquellas palabras que tú pronuncies serán de suma importancia para el provecho que vas a cosechar cuando camines por la vida, hablándole a Dios!

Debes pedir aquello que deseas recibir.

¡ALABAD AL SEÑOR DE TODOS MODOS!

"Bendeciré a Jehová en todo tiempo" (Salmo 34:1).

1. ¿Sientes la alegría del Señor en tu alma? ¡Alabado sea Dios! O ¿te sientes vacío por dentro, o peor aún, te sientes deprimido? ¡ALABADO SEA EL SEÑOR DE TODOS MODOS! Ese es "el sacrificio de alabanza" a Dios que se repite continuamente y que estás obligado a ofrecer (Hebreos 13:15). "El sacrificio de alabanza" significa ALABAR AL SEÑOR DE TODOS MODOS, ¡especialmente cuando no te sientas inclinado a ello!

2. ¿Son salvos todos tus hijos? ¡Alabado sea el Señor! O, ¿alguno está aún perdido en el pecado? *¡ALABADO SEA EL SEÑOR DE TODOS MODOS!* Dios promete mediante tu fe que *TODOS* los miembros de tu familia serán salvos (Hechos 16:31). El alabar al Señor por la salvación de ellos antes de verlos regresar al redil, es evidencia de que eres un verdadero creyente.

3. ¿Tienes todas tus cuentas pagadas? ¡Alabado sea Dios! O, ¿estás tú angustiado debido a problemas económicos? ¡Alabado sea Dios de todos modos! La alabanza activa la promesa de Dios de darnos suficiente dinero para cubrir todas nuestras necesidades. Ensalza a Dios mientras afirmas: "Mi Dios está supliendo AHORA todas mis necesidades" (Filipenses 4:19). Repítelo siete veces: "Gracias, Padre, por tus riquezas ahora."

4. ¿Gozas de buena salud? ¡Alabado sea el Señor! O, ¿tienes algún problema de salud? *¡ALABADO SEA EL SEÑOR DE TODOS MODOS!* La sanidad se recibe mediante la fe, y la alabanza es el lenguaje de la fe. "Y como creíste, te sea hecho" (Mateo 8:13).

5. ¿Es la temperatura buena, de tu agrado? ¡Alabado sea Dios! O, ¿no está bueno el tiempo? *¡ALABADO SEA EL SEÑOR DE TODOS MODOS!* "Este es el día que hizo Jehová; nos gozaremos y alegraremos en él" (Salmo 118:24).

6. ¿Tienes amigos verdaderos, que te dan ánimo en tus momentos difíciles? Si es así, haz como Pablo, cuando vio a sus amigos en el momento en que lo tomaban preso en Roma: "Pablo dio gracias a Dios y cobró aliento" (Hechos 28:15). Pero es posible que tú tengas problemas con alguno" que te está apocando, desalentando en suma, que es tu enemigo. ¡Alabado sea el Señor de todos modos!

7. ¡Alabad al Señor de todos modos! ¿Por qué? "Sabemos que a los que aman a Dios, todas las cosas les ayudan a bien, esto es, a los que conforme a su propósito son llamados" (Romanos 8:28). No interpretes mal el plan de Dios alabando al Señor solamente por las cosas que tú calificas como bendiciones. Su mandato es: "Dad gracias en todo, porque esta es la voluntad de Dios para con vosotros en Cristo Jesús" (1 Tesalonicenses 5:18).

Capítulo Dieciséis

NADA HAY QUE TEMER SINO AL TEMOR

Franklin Delano Roosevelt, ·hablándole al pueblo norteamericano, dijo que "nosotros no tenemos nada que temer sino al temor mismo". Su declaración encierra una verdad más grande de lo que mucha gente se imagina. ¿Sabías tú que el *temor* tiene en sí una fuerza creativa? Lo que nos produce temor, tiene el poder de crear exactamente igual a la fe que tiene el poder de crear aquello que nosotros creemos. Por eso Job dijo: "Me ha acontecido lo que yo temía."

Con mucha frecuencia, aquello que tememos viene sobre nosotros. Los doctores nos cuentan que a menudo la gente que tiene *miedo* al cáncer es la que se enferma de cáncer. Estos científicos explican dicha declaración diciendo que posiblemente el cáncer es inducido psicosomáticamente; pero yo explico esto diciendo que el cáncer, simplemente como todo lo demás, sigue las leyes de Dios de la fe: *Lo que dices, recibes.*

Si dices: "Es mi destino padecer de eso, mi madre lo tuvo, los parientes del lado de mi padre lo han tenido, y mucho temo que yo también voy a tenerlo", en efecto, vas a tenerlo; no importa lo que sea. Porque temer es creer que algo malo va a suceder. Temor es creer en algo malo. El temor es realmente la fe en algo que tú no deseas que suceda. Así como usamos la palabra "fe" para expresar creencia en algo bueno, así también usamos la palabra "temor" para expresar creencia en algo malo. Y así es como el temor anula la fe, y la fe anula el temor.

En un sentido muy verdadero, la duda es una forma de miedo: porque sientes temor es que no se realiza lo que tú deseas. Que esto es así, lo vemos desde el tiempo en que Pedro caminó sobre las aguas: Pedro le había pedido a Jesús que le permitiese caminar sobre el agua y Jesús le había dicho a Pedro que viniese andando hasta él. Entonces Pedro caminó sobre las aguas, para ir a Jesús. "Pero al ver el fuerte viento, tuvo miedo; y comenzando a hundirse, dio voces, diciendo: ¡Señor, sálvame! Al momento Jesús, extendiendo la mano, asió de él, y le dijo: ¡Hombre de poca fe! ¿Por qué dudaste?" (Mateo 14:29-31). Aquí, Pedro, "tuvo miedo", y Jesús llamó a esto "duda".

En un comunicado especial de prensa que el Servicio de la Prensa Unida enviara alrededor del mundo, un renombrado neurólogo, el doctor Stuart Wolf, hizo la siguiente declaración: "Los ataques al corazón ocurren con mayor frecuencia en aquellos que están emocionalmente trastornados, aquellos que están deprimidos o aquellos que han agotado hasta el último recurso y no saben ya qué hacer, ignorados por una sociedad opresiva donde no se conceden alternativas y no tienen a dónde volverse. La muerte repentina sobreviene a menudo a causa del abatimiento, desaliento, y sobrecarga de responsabilidades o miedo repentino."

Eminentes médicos alrededor del mundo declararon en este comunicado de prensa que se encuentran realizando experimentos con aparatos para bloquear estos impulsos mortales. Vale la pena observar que se ha descubierto que el miedo es la causa principal de los ataques cardíacos fatales. Para revelarte exactamente cuán destructivo es el miedo vamos a darte más información, proporcionada por el doctor Wolf: "Las personas que se ahogan, muy a menudo no se les encuentra agua en los pulmones; la víctima murió únicamente porque se le paralizó el corazón como resultado del miedo. Esto mismo bien ha podido sucederles a todos aquellos que han muerto después de haber sido mordidos por una culebra, puesto que se ha descubierto que solamente alrededor de un veinte por ciento de las víctimas de mordeduras de culebras han recibido veneno suficiente para causarles la muerte."

Cuando meditamos en hechos tan sorprendentes verificados en el campo honorable de la ciencia médica, podemos ver la necedad de dar lugar al miedo. Por cierto, para poseer la vida abundante que Jesús nos ha dado, así como también la vida larga y bendita prometida en la Biblia, debemos sobreponernos a nuestros temores, a nuestras depresiones, y a nuestras actitudes mentales equivocadas. *Eso* requiere que nos pongamos al habla con nosotros mismos. Debemos afirmar a menudo: "Dios no me ha dado el espíritu del miedo, sino de la fuerza, del amor y de una mente sana."

Al pensar en las declaraciones del doctor Wolf sobre cómo el miedo puede literalmente paralizar el corazón y causar la muerte instantáneamente, he recordado una historia muy conocida que oí hace algunos años. Los alumnos de los años superiores de cierto colegio estaban iniciando a los estudiantes del primer año. A uno de esos jovencitos le vendaron los ojos en la escuela y los muchachos de los años superiores lo arrastraron hasta los terrenos del ferrocarril. Allí lo amarraron fuertemente con cuerdas a los rieles del tren, estando todavía con los ojos vendados. Pocos minutos después se oía a la distancia el silbato del tren nocturno que se acercaba. Diciéndole al jovencito que lo dejaban ahí para que lo arrollase el tren que venía, los muchachos mayores se alejaron. Sólo ellos, por supusto, sabían que el jovencito estaba amarrado a los rieles fuera de uso. Después que el tren pasó a toda velocidad, los muchachos de las aulas superiores volvieron a las paralelas del tren, riendo y bromeando acerca del evidente susto que el jovencito debía haber experimentado. El, sin embargo, no había podido ver que el tren que se acercaba venía rodando sobre otras paralelas. Cuando los muchachos se acercaron para desatar al compañero, para su pesar y espanto, descubrieron ¡que el jovencito estaba muerto! Los doctores afirmaron ¡que el chico había muerto de susto! El miedo había paralizado su corazón, y estaba muerto.

Durante muchos años, he estado predicando, desafiando a los creyentes para que vivan una vida libre de temores. Yo, personalmente, sé lo terrible que es vivir con miedo. Yo ya fui víctima del miedo, y he conocido el tormento de una existencia amedrentada, pero alabado sea Dios, he aprendido que la fe es el antídoto del miedo.

En lo natural, no nos libertamos fácilmente del miedo. En muchos casos, es algo que tenemos que aprender. Edna M. Devin, una misionera en el Asia en la época de la Segunda Guerra Mundial, admite todo lo que ella tuvo que aprender para poner su vida enteramente en las manos de Dios. Esta lección inolvidable fue transmitida por Samuel Schwarz, un judío salvado. Esta es la historia de Edna Devin.

"Un judío austríaco, llamado Samuel Schwarz, cuando era aún adolescente, fue llevado a los pies de Cristo mediante las enseñanzas de misioneros presbiterianos. Su familia ortodoxa, después de eso, lo echó de la casa. Los familiares lo "sepultaron" de acuerdo a las costumbres judías, y desde ese momento lo consideraron 'muerto'.

"Aunque Samuel había pensado que *ésa* iba a ser la reacción de sus padres si él aceptaba a Cristo, había alimentado la esperanza de que podía continuar siendo parte de la familia Schwarz. Pero ahora que había sido repudiado, con el corazón hecho pedazos, dejó Austria, ¡porque él había hecho su elección! Esa elección era Jesucristo.

"Primero se fue a Inglaterra y más adelante a Australia, donde fue lleno con el Espíritu Santo. Durante una larga vida de servir y dar, él siempre había sido un testigo fiel para su Señor, Jesucristo. Fue allí en Australia que nosotros, los misioneros, conocimos al señor Schwarz.

"Después que Japón entró en la guerra, nuestra misión fue bombardeada y tuvimos que abandonarla. Fuimos entonces a Australia, donde la familia Schwarz nos recibió en su casa. Nunca olvidaremos el gran amor y toda la bondad que recibimos en aquella casa. Mientras estuvimos allí con aquel hombre tan querido, yo aprendí una lección que jamás olvidaré. Algo que él dijo una noche mientras estábamos charlando ha sido una bendición para mí que desde entonces ha perdurado a través de los años.

"Les estábamos refiriendo a los esposos Schawrz la historia maravillosa sobre la forma cómo habíamos escapado de ser capturados por los japoneses justamente cuando habíamos perdido toda esperanza. Les contamos cómo Dios nos había dado paz interior, aun en los precisos momentos en que los aviones enemigos dejaban caer sus bombas que explotaban alrededor de nosotros, y las granadas caían como lluvia en un terrible monzón.

"El señor Schwarz escuchaba lo que le contábamos de cómo habíamos vivido durante esos días de bombardeo sin que ninguno de nosotros fuese herido. Le contamos cómo Dios nos proveyó de alimento por medio de amigos creyentes a quienes les habíamos predicado, amigos que habían arriesgado sus propias vidas todos los días para ayudarnos. Les contamos cómo aquellos mismos amigos nuevamente arriesgaron sus vidas tratando de que nosotros pudiésemos salir del país. Le contamos del temor que habíamos sentido por nuestras vidas, minuto a minuto.

"Entonces aquel hombre devoto de Dios dijo algo que ha quedado indeleblemente grabado en mi mente y en mi corazón: 'Ah, pero hermana Devin, ¡Dios es muchas veces más grande que nuestros temores!' Fue esa una afirmación tan simple, y sin embargo contenía la liberación de cualquier temor que pudiese asaltarnos alguna vez.

"A menudo, en el curso de nuestra conversación, mientras permanecimos en el hogar de la familia Schwarz, hablábamos del futuro de nuestro trabajo de misioneros en vista de las condiciones que presentaba la guerra. Cuando yo comenzaba a preocuparme por lo que podría suceder, siempre estaban presentes las palabras de fe de Samuel Schwarz, palabras que eran como rocío del cielo para mi alma sedienta: 'Dios es muchas veces más grande que nuestros temores.'

"La verdad me hirió en lo vivo. Me di cuenta de que mientras yo permaneciese en Dios, no necesitaba temer. Leemos que el temor es la falta de confianza en su grandeza, una falta de amor. De acuerdo a Apocalipsis 21:8, el miedo que el *mundo* conoce, puede separarnos de Dios. En esta era atómica, el miedo de lo que está llegando a la tierra es causa de que el corazón de muchos esté muy pesado y cargado de temor. Y bien podría uno temer si no está en Dios.

La reacción natural de cualquier ser normalmente saludable es de temor hacia cualquier cosa que cause muerte, daño o destrucción. Ningún hombre nace sin el sentimiento de miedo. Pero en nuestro Señor Jesucristo, encontramos el apaciguamiento de nuestros temores cuando nos repetimos a nosotros mismos: "Dios es muchas veces más grande que nuestros temores." Cuanto más le amemos y más cerca estemos de él y más le hablemos, menos será nuestro miedo. Al derivar nuestra valentía de Dios, nuestra mente y nuestro espíritu se liberan, y aún nuestro cuerpo funciona mejor.

Hay muchos tipos diferentes de miedo, pero la Biblia dice que *Dios* no nos ha dado el espíritu del miedo. Luego ¿de dónde es que nos viene el espíritu del temor? ¿Quién es el que contradice a Dios? ¿Quién es el adversario de Dios? ¿Quién es el que trata de crear en nuestro interior todos esos sentimientos que nos van a separar de Dios y de su paz? Sólo puede haber una respuesta: el diablo. Mientras que el diablo nos prohiba repetir aquellas palabras de Isaías 41:10: "No temas, porque yo estoy contigo; no desmayes, porque yo soy tu Dios que te esfuerzo; siempre te ayudaré, siempre te sustentaré con la diestra de mi justicia", él nos mantendrá prisioneros.

Muchos viven preocupados por el temor a la muerte, por el miedo de enfermarse, de que les ocurra alguna calamidad, miedo a la vejez; miedo de todo lo que se pueda presentar en la vida. Pero debemos comprender que no es Dios quien nos ha dado ese espíritu de temor. El miedo viene del diablo.

Afortunadamente, Dios nunca nos deja sin guía y esperanza. Su Palabra puede liberarnos de todos nuestros temores, cualquiera que ellos sean. En 1 Juan 4:18 hay palabras que tienen la llave del éxito sobre el miedo. "En el amor no hay temor, sino que el perfecto amor echa fuera el temor." ¿Amor perfecto? Solamente uno fue Amor perfecto, ése fue Jesucristo: ¡Tu Pastor, tu Proveedor, tu Defensor, quien te da valor, tu Salvador! Pero tú debes repetir las palabras que hagan pública tu elección: temor con el diablo, o paz y plenitud con Dios.

Recientemente leí en una revista nacional acerca de un cuestionario que ha sido enviado a algunos centenares de estudiantes. El cuestionario tiene el propósito de conocer brevemente los pensamientos de todos estos estudiantes sobre la vida y su significado. De las muchas respuestas recibidas, el sesenta por ciento de aquellos jóvenes mencionaron el temor como su sentimiento predominante. Qué lástima que ellos nunca habían aprendido: "No temas, porque yo estoy contigo."

Hace años, tuvimos en nuestra reunión evangélica a Herschel Murphy, de Texas. El es ministro, y también canta solos. Cualquiera que alguna vez le haya escuchado cantar "Lleva tus cargas al Señor, y déjalas allí", nunca lo olvidará. El tenía algunas observaciones sutiles que hacer con respecto al miedo:

"Así como ha habido en todas las edades, ¡hoy también hay personas que literalmente viven muertas de miedo! Los fantasmas del pasado las persiguen, el futuro las atemoriza paralizándolas, mientras que la incertidumbre del presente las adormece. Viven atormentadas y endemoniadas, acosadas y humilladas, oprimidas y deprimidas, vencidas y derrotadas. ¡Qué fuerza tan destructiva es el miedo!

"David dijo: 'En el día que temo, yo en ti (Dios) confío.' Por sus actuaciones mucha gente hoy en día parece decir lo contrario: 'Voy a temer y no voy a confiar. Seguramente dudas y temores me seguirán todos los días de mi vida; yo temeré a toda clase de males, porque tú no estás conmigo.' Tales personas están atadas de pies y manos, encadenadas, aherrojadas, amordazadas y amarradas por las miríadas de legiones de temores que las atormentan día y noche."

Dios siente tristeza cuando él ve y oye a sus criaturas tan desconfiadas. El es nuestro Padre. El desea oírnos decir: "Yo conozco la Fuente de mi fortaleza y de mi valor."

RESISTIENDO AL DIABLO

Santiago 4:7 dice: "Resistid al diablo, y huirá de vosotros." He aquí como puedes resistir al diablo y verte diariamente libre de las "Enormes D" del diablo, todas las cuales pueden ser inducidas por una mentalidad medrosa.

1. Descubre los instrumentos del diablo.

2. Rechaza al diablo estando de acuerdo con Dios.

3. Usa el nombre de Jesús. "En mi nombre echarán fuera demonios" (Marcos 16:17).

4. Pronuncia la Palabra de Dios con firmeza. "Y ellos le han vencido por medio de la sangre del Cordero y de la palabra del testimonio de ellos" (Apocalipsis 12:11).

Las "D" del Diablo

DERROTA — "Antes, en todas estas cosas somos más que vencedores por medio de aquel que nos amó" (Romanos 8:37).

DOLENCIAS — "Bendice... a Jehová... el que sana todas tus dolencias" (Salmo 103:1, 3).

DESALIENTO — "No temas ni desmayes" (Deuteronomio 1:21).

DESGRACIA — "¿Qué, pues, diremos a esto? Si Dios es por nosotros, ¿quién contra nosotros?" (Romanos 8:31).

DEUDAS — "Mi Dios, pues, suplirá todo lo que os falta conforme a sus riquezas en gloria en Cristo Jesús" (Filipenses 4:19).

DESCORAZONAMIENTO — Deléitate asimismo en Jehová, y él te concederá las peticiones de tu corazón" (Salmo 37:4).

DESOLACION — "Y no serán condenados cuantos en él confían" (Salmo 34:22).

DESTRUCCION — "El ladrón no viene sino para hurtar y matar y destruir; yo he venido para que tengan vida, y para que la tengan en abundancia" (Juan 10:10).

DEVORADOR — "Vuestro adversario el diablo, como león rugiente, anda alrededor buscando a quien devorar; al cual resistid firmes en la fe" (1 Pedro 5:8-9).

DESILUSION — "Y sabemos que a los que aman a Dios, todas las cosas les ayudan a bien, esto es, a los que conforme a su propósito son llamados" (Romanos 8:28).

DESHONESTIDAD — "Renunciamos a lo oculto y vergonzo" (2 Corintios 4:2).

DISENSION — "¡Mirad cuán bueno y cuán delicioso es habitar los hermanos juntos en armonía! (Salmo 133:1).

DESESPERANZA — "Regocijaos en el Señor siempre. Otra vez digo: ¡Regocijaos!" (Filipenses 4:4).

DUDA — "Vosotros, pues, no os preocupéis" (Lucas 12:29). "Porque yo confío en Dios que será así como se me ha dicho" (Hechos 27:25).

Capítulo Diecisiete

LA PERSONA AUSENTE

Un evangelista acababa de finalizar el culto de una cruzada que había estado dirigiendo. Como de costumbre, después de cada servicio, hablaba y aconsejaba a las personas que venían a consultar sobre sus problemas personales.

Esta tarde en particular, la señora Meyers, madre de dos muchachos, vino, sinceramente, en busca de ayuda. Ella le contó al evangelista lo siguiente: —Mis dos hijos no son creyentes. Ellos ya son casi hombres, y me siento tan desdichada debido a la indiferencia que manifiestan hacia Dios. Por muchos años he estado orando por ellos, aún no se han salvado. Por favor sea sincero conmigo y dígame por qué mis muchachos no acuden a Dios.

Es muy difícil establecer en tan corto tiempo una relación personal lo suficientemente íntima como para responder a una pregunta tan profunda, pero el evangelista comenzó a indagar. —¿ Su esposo es salvo?

—Oh, sí —respondió ella—. El es muy buen creyente.

Luego le preguntó: —¿ Celebra usted cultos familiares en su casa?

—Sí —fue su respuesta—. Además, damos gracias a Dios en cada comida; vamos a la iglesia todos los domingos; rara es la vez que perdemos un culto. A pesar de todo esto —ella continuó diciendo— y a pesar de mis oraciones, mis hijos no se entregan a Dios.

El ministro comprendió que esta mujer buscaba sinceramente ayuda. Percibió que la falta de respuesta a sus oraciones se debía básicamente a ella misma y no a sus hijos.

—Señora Meyers —le dijo él después de una breve pausa— ¿quiere usted realmente saber la verdad? Tal vez pueda ofenderla. ¿Quiere usted que yo le sea completamente franco?

—Sí —respondió ella— yo deseo saberlo de una vez, porque esto se ha convertido en una pesada carga en mi vida.

—Bueno, se lo diré. Hay una Persona que está ahora ausente en su vida. Sus hijos no se han salvado porque los ojos de usted están secos. Así pues, usted no puede ser el medio de salvación de sus hijos. Solamente la tercera Persona de la Trinidad, el Espíritu Santo, puede hacerlo. Antes que él pueda hacerlo, usted debe pedir a Jesús que envíe al Espíritu Santo a llenar *su propia* vida; luego, mientras usted ora, él hablará a sus muchachos y les presentará la alternativa de escoger entre vivir con Dios o de vivir sin él.

La señora Meyers bajó la cabeza y dijo humildemente: —Sé lo que usted quiere decirme.

Cuando volvió a su casa esa noche, aquella madre se encerró en su cuarto y durante horas estuvo caminando de un lado a otro en la habitación. Entonces se sinceró ante Dios; sus palabras de contrición pronunciadas en voz alta podían oírse desde afuera. "Por favor, Dios mío, examina mi corazón. Perdóname por suponer que *yo* pudiese traer a mis hijos a ti. Lléname con el Espíritu Santo, de manera que sea él y no yo quien hable a mis muchachos y luego les revele la verdad."

Finalmente, esa madre sintió una paz como jamás había experimentado.

Después que su propio corazón se había quebrantado, ella lloró, al darse cuenta de su ineptitud. Entonces, y solamente entonces, el Espíritu Santo le dio una oración positiva para sus hijos.

A la mañana siguiente, se levantó como de costumbre a preparar el desayuno para su esposo y sus dos hijos. Sin reticencia, puesto que ahora estaba guiada por el Espíritu Santo, ella se dirigió al hijo mayor, en el momento en que todos juntos se sentaban a la mesa para desayunarse. —Ronaldo, me gustaría que entregases tu corazón a Jesús.

Sin decir una sola palabra el muchacho se levantó de la mesa y salió de la casa. Silenciosamente, su madre oraba: "Ahora, Jesús a ti te lo dejo, *yo* no puedo hacer nada más, lo dejo en tus manos."

Luego se volvió hacia el hijo menor y le dijo: —Juan, tú también has estado en mi corazón. ¿No quieres abrir tu corazón a Cristo y recibirlo como Salvador hoy día?

Juan percibió el cambio que se había operado en su madre. Su voz era más tierna y en ella había un ruego que él no había oído nunca.

—Mamá —respondió Juan al ruego de su madre—, yo *deseo* hacerme creyente y voy a entregar mi corazón a Cristo hoy.

Tanto la madre como el hijo se arrodillaron allí mismo en la cocina. La señora Meyers no se cansaba de dar gracias a Dios. Juan, también oró. Con toda simplicidad, pero lleno de fervor, se arrepintió de sus pecados y aceptó al Señor como su Salvador. El volvió a nacer aquel día por el Espíritu de Dios, en el seno de la familia redimida por Dios.

Esta historia, sin embargo, tiene un fin aún más feliz. A la hora de comer, Ronaldo, el hijo mayor de la señora Meyers, volvió a su casa. Sin decir una sola palabra, fue directamente hacia su madre y la abrazó estrechamente.

Antes de que el muchacho hubiese tenido oportunidad de hablar, su madre exclamó: —Ronaldo, no necesitas decírmelo, ¡yo sé que eres salvo! Dime ¿cómo fue eso?

—Mamá —dijo— anoche, después que ya me había acostado, sentí hambre. Me levanté para ir al refrigerador para sacar algo para comer. Cuando pasé por su dormitorio, oí que usted hablaba. Me detuve para escuchar porque temí que algo malo pasaba. Escuché que usted estaba hablando con Dios y oraba en forma tan diferente. Le rogaba a Dios que me salvase. Yo escuché sus ruegos, y algo me impresionó. Comprendí que es terrible ser pecador y no saber cómo sobreponernos a los pecados. Supe entonces que necesitaba a Dios. Cuando usted me preguntó esta mañana, simplemente no supe qué responderle. Tenía que alejarme para estar solo. Fui al campo y oré. El Señor se encontró allí conmigo, mamá, y yo acepté a Jesús como mi Salvador. El me trajo la paz y estoy *seguro* de que me ha salvado.

Ese "algo" que impresionó a Ronaldo Meyers la noche en que él oyó a su madre orando, fue el Espíritu Santo. Luego el Espíritu Santo usó las palabras de la madre para inducir al muchacho a acudir a Dios.

Ese evangelista acostumbraba a contar esta historia en los servicios de la cruzada que se llevó a cabo más adelante. El deseaba recalcar que las palabras que no están saturadas del Espíritu caen en oídos sordos. Pero cuando un creyente que está lleno del Espíritu pide en nombre de Dios y para su gloria, el poder se activa mediante el Espíritu y no regresa vacío.

Al igual que la señora Meyers, muchos creyentes han sentido la necesidad de más poder en su testimonio y en sus vidas personales. Sin embargo, muchas iglesias no enseñan a sus miembros cómo obtener este poder, aun cuando está claramente escrito en las Escrituras. En Hechos 1:8, Jesús les dijo a sus discípulos: "Recibiréis poder, cuando haya venido sobre vosotros el Espíritu Santo, y me seréis testigos en Jerusalén, en toda Judea, en Samaria, y hasta lo último de la tierra."

Antes de Pentecostés, el Espíritu Santo estaba entre la gente pero no dentro de la gente. Jesús les dijo a todas estas personas: "Y yo rogaré al Padre, y os dará otro Consolador, para que esté con vosotros para siempre: el Espíritu de verdad... vosotros le conocéis, porque mora con vosotros, y estará en vosotros" (Juan 14:16-17). Pero "cuando llegó el día de Pentecostés" el Espíritu Santo estuvo disponible para todos los creyentes. En el primer sermón que predicó después de recibir el bautismo en el Espíritu Santo, Pedro dijo a una reunión de judíos: "Arrepentíos, y bautícese cada uno de vosotros en el nombre de Jesucristo para perdón de los pecados; y recibiréis el don del Espíritu Santo. Porque para vosotros es la promesa, y para vuestros hijos, y para todos los que están lejos; para cuantos el Señor nuestro Dios llamare" (Hechos 2:38-39.)

Mucha gente cree que el bautismo en el Espíritu Santo es algo que pueden ganar si son buenos. De acuerdo con las Sagradas Escrituras, sin embargo, ése es un don de Dios, que está disponible para cualquier creyente que se lo pide a Dios, exactamente como la salvación. Conforme Jesús lo dijo: "¿Qué padre de vosotros, si su hijo le pide pan, le dará una piedra? ¿O si pescado, en lugar de pescado, le dará una serpiente? ¿O si le pide un huevo, le dará un escorpión? Pues si vosotros, siendo malos, sabéis dar buenas dádivas a vuestros hijos, ¿cuánto más vuestro Padre celestial dará el Espíritu Santo a los que se lo pidan?" (Lucas 11:11-13).

Otra gente piensa que porque son creyentes, automáticamente poseen el Espíritu Santo, y por cierto ellos *sí lo tienen.* Pero con el bautismo del Espíritu Santo ellos recibirán mucho más de él. Sabemos por lo menos de un caso después de Pentecostés en que los creyentes nacidos de nuevo no habían recibido el bautismo del Espíritu Santo simultáneamente con la conversión y ellos necesitaban, como muchos creyentes contemporáneos, recibirlo como una segunda experiencia: "Cuando los apóstoles que estaban en Jerusalén oyeron que Samaria había recibido la palabra de Dios, enviaron allá a Pedro y a Juan; los cuales, habiendo venido oraron por ellos para que recibiesen el Espíritu Santo; porque aún no había descendido sobre ninguno de ellos, sino que solamente habían sido bautizados en el nombre de Jesús. Entonces les imponían las manos, y recibían el Espíritu Santo" (Hechos 8:14-17).

Puesto que el Espíritu Santo es un don que se recibe pidiéndolo, y puesto que muchas iglesias no enseñan a la gente que hay una experiencia llamada el bautismo del Espíritu Santo que puede ser solicitado, algunos creyentes nacidos de nuevo nunca piden ni reciben el bautismo del Espíritu Santo al que ellos tienen derecho. "No tenéis... porque no pedís" (Santiago 4:2). La señora Meyers, fue una de estas personas. Probablemente nadie le había dicho a ella que *necesitaba* el Espíritu Santo. Yo no le he preguntado a este respecto, pero me imagino que ella pudo aún haber pensado, que como creyente nacida de nuevo había recibido todo el Espíritu Santo como jamás iría a recibir. Afortunadamente, el evangelista con quien ella habló sabía que ella necesitaba más.

Un creyente lleno del Espíritu es un creyente dinámico. La Palabra "poder", traducida, viene de la palabra griega de la cual también se deriva la palabra "dinamita". Así, nos volvemos dinámicos después que hemos sido llenados con el Espíritu Santo, el

poder que Dios nos ha dado. El mantenernos llenos
del Espíritu Santo, nos hace dinámicos en nuestra
vida cristiana. Cierta vez que Jesús se encontraba
de pie, enseñando en la sinagoga, leyó del libro de
Isaías lo siguiente: "El Espíritu del Señor está sobre mí, por cuanto me ha ungido para dar buenas
nuevas a los pobres" (Lucas 4:18). Sabemos que
nosotros también hemos recibido esta misma unción
del Espíritu, porque Jesús dijo en Juan 14:12: "El
que en mí cree, las obras que yo hago, él las hará
también; y aun mayores hará, porque yo voy al
Padre."

¡Qué promesa! ¡Qué comisión! Cada uno de nosotros debe actuar inmediatamente. La Palabra dice:
Debemos confesarlo; debemos fortalecer nuestra fe
repitiendo una y otra vez lo que ha dicho Dios, hasta
que ello se vuelva nuestra forma de vida. Nada de
esto puede suceder en toda su extensión, sin embargo,
hasta que abramos nuestro corazón y estemos llenos
del Espíritu. Sólo porque el Espíritu vive en nosotros
es que podemos ser eficaces en nuestra propia vida y
en la vida de los demás.

Capítulo Dieciocho

MEDIANTE DIOS TODO ES POSIBLE

Un joven descubrió una vez una veta de oro en lo alto de una montaña. Necesitaba poder para explotarla y también dinero. Además, necesitaba saber cómo podría explotarla. El luchó, trabajó y fracasó.

Una noche en que se hallaba descansando, después de un día de trabajo excesivamente arduo que lo había dejado completamente fatigado, se dijo a sí mismo: —Estoy comenzando a comprender cuál es el problema; por qué no puedo progresar en esto. Yo sé que hay oro *allí*, pero no puedo *sacarlo*. Lo cierto es que no sé nada de esta roca. No sé nada de geología y es muy poco lo que sé de minería. Voy a ir a la ciudad y allí averiguaré lo que me interesa saber.

El fue a la ciudad; habló con el jefe del departamento de minería de la universidad local y planteó su caso honesta y llanamente a aquel experto. Ese profesor llamó entonces a un ingeniero de minas a quien el joven contó toda su historia. El ingeniero convino en ir con él para ver la veta de oro y darle su consejo después de verificar los resultados de los experimentos que llevaría a cabo en la veta.

Los dos hombres se demoraron una semana en llegar al sitio donde estaba el oro. Después que el ingeniero hubo explorado la montaña y tuvo la certeza, mediante los experimentos que realizó, de que había allí oro en bruto, dijo: —¡Hay millones de dólares en oro aquí! Pero va a costar un dineral sacarlo. Usted tiene dos alternativas: ya sea organizar una compañía por acciones a fin de conseguir suficiente dinero para explotar la mina, o bien puede vender esta propiedad. ¿Cuál de estas dos alternativas le parece la mejor?

El joven contestó sin vacilar: —Voy a explotar la mina.

Ese joven pasó un año preparándose y estudiando con denuedo, entregándose enteramente a ese propósito. Durante los largos meses de invierno continuó persistiendo hasta que llegó la primavera, cuando estuvo listo; había adquirido ya todo el conocimiento que necesitaba.

La veta resultó ser exactamente como el ingeniero de minas lo había previsto. A los pocos años ese joven llegó a ser millonario.

Esta historia es una parábola moderna. Aquel joven descubrió que allí existía algo de gran valor, pero no sabía cómo alcanzarlo, cómo explotarlo, cómo hacer suyas esas riquezas. Luego, se enfrentó con el dilema de tener que tomar una determinación: explotar la mina o dejarla. Su decisión de explotarla fue lo que realmente importó. El asunto, no obstante, no finalizaba ahí, puesto que después de haber manifestado su decisión, estaba obligado a cumplirla, y eso requería estudio, sacrificio y dedicación. Al final del período de preparación, el joven cosechó la recompensa por todo el tiempo que había pasado preparándose.

Exactamente eso ocurre en el entendimiento cuando tratamos de ubicar el lugar que ocupa Dios en nuestra vida. Tú debes descubrir a Dios, y esto lo consigues leyendo y escuchando la Palabra. De esa forma te allegas a Dios, el único que tiene la respuesta para tu vida. A medida que estudies vas a comprender la grandeza de las palabras de Dios, pero también te vas a dar cuenta de tus propias limitaciones, y ése es el momento en que tienes que tener mucho más que el conocimiento simple acerca de las promesas de Dios. En ese momento es cuando vas a tener que decidir: "Voy a apropiarme de las promesas de Dios." La recompensa es, por supuesto, mucho mayor que todos los millones que el joven sacó de la mina, y la tendrás mientras vivas dedicado al estudio, consagración y servicio.

Mateo 19:26 dice: "Y mirándolos (a sus discípulos) Jesús, les dijo: Para los hombres esto es imposible; *mas para Dios todo es posible.*" Aquí en estas palabras está la respuesta a cualquier dilema en que alguna vez te encuentres. Las palabras que entonces escojas para creer y para hablar determinarán tu vida.

Algunas veces cuando algo me parece imposible, cito para mí mismo el título de este capítulo "Mediante Dios todo es posible". ¿Qué significa eso? Significa que: "Para los hombres esto es imposible, pero para Dios sí es posible. Yo puedo realizar todo mediante Cristo, que me fortalece. Esto no es *imposible,* porque es posible a través de él: Mediante Dios todo es posible."

El problema que tiene mucha gente es que espera que las promesas de Dios se realicen muy fácilmente. En Mateo 7:13-14, Jesús advirtió: "Entrad por la puerta estrecha; porque ancha es la puerta, y espacioso el camino que lleva a la perdición, y muchos son los que entran por ella; porque estrecha es la puerta, y angosto el camino que lleva a la vida, y pocos son los que la hallan." Jesucristo es la Puerta que conduce a la vida. Dios espera que nosotros le demos todo nuestro ser antes de que él pueda cumplir sus promesas de proporcionarnos abundantes bienes de toda clase. La mayoría de nosotros disculpamos nuestra incapacidad de alcanzar lo que anhelamos, diciendo más o menos lo siguiente: "Tuve la oportunidad, pero todo obró en contra de mi propósito", o "Como no tengo suficiente educación, no puedo esperar mucho", o "No conozco a la gente que puede ayudarme." Esas son precisamente las excusas que Dios *no desea* escuchar; Dios quiere que nosotros digamos: "Mediante Dios todo es posible."

Durante un verano tuvimos como huésped al doctor Len Jones, director de la Misión Oriental y Eslava de Australia y Nueva Zelanda. Este hombre es una de las personas más entusiastas que jamás he conocido. Es dinámico, optimista, y enteramente consagrado a Dios. No se cansa nunca de viajar alrededor del mundo para servir a Dios.

Mientras departía con nosotros en la sala de estar de nuestra casa, nos confió un importante secreto respecto al éxito que él había alcanzado en el servicio de Dios. "Hace muchos años, tomé un día el diccionario y, literalmente hablando, taché la palabra 'imposible'. La Biblia nos dice: 'Con Dios todo es posible.' Puesto que nada es imposible mediante Dios, y puesto que yo he entregado mi vida a él y estoy unido a mi Padre, ¿por qué dar importancia a la palabra 'imposible'? Para mí no hay nada imposible, porque la Palabra de Dios me lo dice. Cuando repito esas palabras emanadas de Dios, ellas se vuelven un apoyo en todo lo que hago.

Mateo 9:27-30 relata cómo Jesús usó este principio con dos ciegos que encontró un día cuando salía de Nazaret. Estos dos ciegos, llenos de confianza, siguieron de cerca a Jesús llorando y llamándole: —¡Ten misericordia de nosotros, Hijo de David!

Cuando Jesús llegó a la casa a donde se dirigía, los ciegos temieron que no les fuera a prestar atención y lo siguieron; entonces Jesús se volvió hacia ellos y le dijo: —¿*Creeis* que puedo hacer esto?

—Oh, sí, señor lo creemos firmemente —exclamaron al unísono.

Entonces Jesús les tocó los ojos, diciendo: —*Conforme* a vuestra fe os sea hecho.

Y los ojos de ellos fueron abiertos.

Antes de sanarlos, Jesús les pidió a los ciegos la plena confesión oral de su creencia. El les pidió que manifestasen en palabras que creían. ¡Cuán importantes fueron esas palabras! ¡Cuánto provecho se obtuvo de ellas porque Jesús cumplió con ese simple requisito! Jesús sabía de antemano que los dos ciegos eran creyentes verdaderos, pero él necesitaba *escucharlo de los labios de ellos.* Luego, sabiendo que estos hombres decían la verdad Jesús los premió debido a la fe de ellos.

Hace algún tiempo llegó a mi conocimiento la experiencia que tuvo un ministro durante una travesía que estaba realizando por diversos países extranjeros. El país del cual él estaba saliendo era casi medieval por sus normas primitivas de vida. Había que hervir el agua de tomar, y también había que pelar las frutas antes de comerlas. Todos los viajeros tenían que tomar rigurosas precauciones para no contraer enfermedades, que los habitantes de ese país habían llegado a aceptar como inevitables y propias del ambiente.

Este ministro se preparaba para *entrar* a otro país que era completamente diferente. Los alimentos allí podían comerse con seguridad y eran sabrosos. Las condiciones de higiene eran irreprochables. Los ciudadanos de ese lugar gozaban de un buen grado de prosperidad.

"Nunca olvidaré", dijo el viajero, "cuán extraño me pareció bajarme del destartalado ómnibus que me llevó hasta la frontera, de manera que yo pudiese cruzar la angosta faja de tierra que separaba aquellos dos países, y subirme al moderno coche a motor, con aire acondicionado, al otro lado. Yo experimenté esta muy acogedora transición simplemente presentando mi pasaporte."

Tenemos pasaporte para presentarle a Dios. Nuestro pasaporte es la sangre de Jesucristo. Debemos usar nuestras palabras para expresar nuestro sincero deseo de pertenecer a él. Luego debemos demostrar nuestro derecho de ser aceptados al declarar nuestra creencia en Jesucristo como nuestro Señor y Salvador. No podemos salvarnos por nuestros propios esfuerzos, sino que "mediante Dios todo es posible". Si tú comprendes estas verdades y las afirmas, Dios te abrirá las puertas que antes habías visto como barreras infranqueables. Jesús dijo: "Yo soy la puerta; el que por mí entrare, será salvo; y entrará, y saldrá, y hallará pastos" (Juan 10:9). El es el pasaporte, él puede morar en tu vida. El Señor es el pasaporte de una vida de ansiedad, tratando de obrar solo, sin ayuda, hacia una vida en que dejas que él lleve todas tus cargas y supla todas tus necesidades.

Una mujer de la ciudad de Los Angeles me contó que había llegado a sentir un odio profundo hacia sus parientes políticos debido a la forma en que ellos la trataban. Este problema no es nada raro. Le pregunté si ella le había dado a Dios la oportunidad de que intercediera por su bien. Le aconsejé que hablase con Dios a ese respecto justamente en la misma forma franca y sincera como ella se había dirigido a mí. Cuando la señora así lo hizo, descubrió que el Espíritu de Dios obraba en la situación y la ayudaba.

A medida que ella iba borrando de su mente todos aquellos resentimientos, experimentaba un gran alivio. Pero lo más importante de todo es que ella no descargó sus sentimientos de odio a medias en el Señor para luego volver a cargarlos. Cuando la vi días más tarde, verifiqué que en realidad había en-

tregado sus problemas totalmente al Señor; había
depositado su carga de odios allí, y al hacerlo, había
descubierto que Dios se ocupaba de ella. A medida
que la señora se acercaba a sus parientes con más
amor, se daba cuenta que ellos reaccionaban con pruebas de afecto hacia ella.

¿Cuál es el lugar que dice Dios que le corresponde
en *tu vida?* El Salmo 55:22 te repite sus palabras:
"Echa sobre Jehová tu carga, y él te sustentará."
Esto, justamente, tiene que ser el mayor levantador
de cargas que el mundo jamás ha conocido. ¡No tiene
rival! Haz *tuyas* estas palabras, porque Dios dice
que *te* sustentará.

No hay petición grande o pequeña que Dios no
la escuche, si crees plenamente que él se hará cargo
de tu situación. Recuerda que fue él quien dijo: "Mediante Dios todo es posible."

Austin Barton me contó esta historia que es una
lección que él había aprendido antes, de un orador
inglés, el Hermano Creenwood, quien había impar-
tido a Austin Barton la siguiente instrucción: "Re-
cuerde el poder de sus palabras. Cuando usted pida
algo a Dios, no ponga límite. Si necesita cien dólares,
dígale al Señor: '¡Necesito cien dólares o *más*!' Si
necesita doscientos dólares, dígale al Señor: 'Necesito doscientos dólares o *más*.' Si necesita mil dólares, dígale al Señor: 'Necesito mil dólares o *más*.'
Pero siempre déle al Señor la oportunidad de darle
en abundancia lo que usted pida."

Yo estoy de acuerdo en que nuestras palabras producen exactamente lo que nosotros decimos. Si estás
viviendo una vida llena de pesar, resuélvete hoy y
cámbiala. ¡Después que resuelvas cambiarla, habla
de ello con Dios, habla de ello en todas partes! Luego,
espera que grandes cosas van a ocurrir, porque Dios
será tu Proveedor, siempre que *tus palabras* lo quie-
ran. Lo que tú dices determina lo que vas a recibir.

A menudo nos convertimos en nuestro propio problema. En vez de ser parte de la respuesta, continuamos siendo parte del problema. Supongamos que tus sentidos te han indicado que te encuentras en grandes apuros económicos. La Palabra declara: "Mi Dios suplirá todas tus necesidades" (Filipenses 4:19). Entonces necesitas llamar la atención a Dios sobre lo que te hace falta, pero tienes que estar seguro que confías en que él te atenderá. Rechaza cualquier temor que emane de tus sentidos. Piensa que es más grande Dios quien reside en ti, que cualquier otra fuerza que te rodee. Las fuerzas que se oponen a ti son tus sentidos, tus sentimientos. El poder que reside en ti es Dios que obra en tu vida.

Luego habla claro, de manera que tus palabras expresen la verdad acerca de lo que Dios significa para ti, acerca de tu unión y asociación con Dios. Afirma que él es el único que te apoya y te proporciona el capital para satisfacer tus necesidades. Reconócelo por su habilidad y su sabiduría. Confiesa en alta voz y sin temor, para que todo el mundo oiga que tu confianza en lograr el éxito reside en su gracia, tal como él te lo ha enseñado. Dios cumplirá tal compromiso. Sólo mediante Dios todo es posible.

Recuerdo a una mujer que asistía a una de nuestras reuniones. Mucha gente había orado por ella, pero ella continuaba cargando su propia carga. Un día, yo prediqué sobre el asunto de que Satanás se empeña en mantenernos conscientes del pecado. Esto perturba tu fe, y por supuesto eso es exactamente lo que Satanás trata de hacer cada día en tu vida, y lo hace para crearte dudas en la mente. El te dirá que Dios nunca te ha perdonado por lo que has hecho, o te dirá que has pecado tanto en tu vida que no puedes agradar a Dios.

La mujer a que me refería, que se identificó como la señora Blaine, se acercó a mí después del culto. Ella, sin lugar a dudas, se encontraba en dificultades. Me confió que en más de una ocasión había hecho esfuerzos para sanarse. Luego dijo abruptamente: —Pero ahora sé por qué mi fe no ha producido resultados. Yo cometí un terrible pecado hace veinticinco años, y Dios nunca me ha perdonado.

Le pregunté: —¿Puede decirme cuál fue ese pecado?

Ella respondió: —Difamé a una de mis parientes. Le insinué a su esposo que ella no le era fiel. Todo el escándalo que se produjo luego casi causó que los dos se separaran, y hubo peleas en toda mi familia debido a mis intrigas.

Le di a leer las palabras de 1 Juan 1:9: "Si confesamos nuestros pecados", (*esta es nuestra* parte en esta divina transacción: confesar nuestros pecados a Dios), "él (Dios) es fiel y justo para perdonar nuestros pecados, y limpiarnos de toda maldad." ¡Esa es la parte de Dios!

La señora Blaine entonces respondió: —Pero, hermano Gossett, yo he llorado; he pedido a Dios muchas veces que me perdone por aquel mal terrible que cometí, pero él no lo ha hecho nunca.

Mi respuesta fue rápida y cortante: —Señora Blaine, ¡yo no creo que usted se da cuenta de lo que dice! Cuando me dice que ha confesado sus pecados a Dios, y que él no la ha perdonado, está contradiciendo a Dios. Lo que usted dice no es verdad. Deje que Dios sea verdadero, y que los hombres sean mentirosos. Dios no es un hombre y por lo tanto no miente. Dios hace lo que *dice*. Dios mantiene su Palabra.

Luego ella me preguntó: —¿Qué debo hacer entonces?

—Simplemente acepte la palabra a Dios —le dije—. Puesto que Dios ha dicho que él será fiel y justo para perdonar nuestros pecados y limpiarnos de toda maldad, cuando se los confesamos a él, acepte la palabra. Ya sea que usted *sienta* o no *sienta* el perdón,

Dios se lo ha prometido, y así será. Comience por agradecérselo, por su gracia y misericordia.

Esa mujer se alejó sola para orar. Más tarde, cuando la vi nuevamente, estaba alabando a Dios porque estaba segura de que sus pecados, aunque databan de veinticinco años, ¡habían sido todos perdonados!

Cuando tú declaras algo, realmente decretas ese algo en tu vida. Si determinas que no tienes perdón, ciertamente no tendrás perdón. Pero si determinas que las riquezas de Dios son tuyas, entonces *tendrás* sus riquezas. En Marcos 11:23 Jesús dijo: "Cualquiera que dijere ... y no dudare en su corazón, sino creyere que será hecho lo que dice, lo que diga le será hecho."

Por tus *palabras* estableces en tu vida el lugar exacto que ocupará Dios. Tus oraciones deberían ser: "Sean gratos los dichos de mi boca y la meditación de mi corazón delante de ti, o Jehová, roca mía, y redentor mío" (Salmo 19:14). Medita mucho, pero cuida de que tus meditaciones sean gobernadas por la Palabra de Dios. La mayor parte de tu conducta es el resultado de tus pensamientos del pasado. No puedes pensar o meditar por mucho tiempo y profundamente sin que tus pensamientos se materialicen en acción y palabra.

¡Cuán importante es que concedas a Dios el primer lugar en tu vida! De esa forma tu mente y tu espíritu serán canales mediante los cuales Dios manifieste sus pensamientos.

Es por eso que elevamos nuestro agradecimiento y alabanza al Señor.

NO LO POSTERGUES
NI TE DES POR VENCIDO

1. Siempre espera lo mejor — siempre. Nunca esperes lo peor — nunca. Espera un milagro. Es tu actitud hacia la vida lo que determina tu vida. Tú siempre obtienes exactamente lo que esperas . . . bueno o malo. Espera lo bueno y lo conseguiras — espera lo malo, y lo obtendrás también.

2. Por la esperanza que pongas en tus ruegos en este mismo instante, decides lo que serás tú y las circunstancias que te rodeen el día de mañana. El hombre de la Puerta Hermosa "les estuvo atento, esperando recibir de ellos (de Juan y Pedro) algo". El esperó algo y lo tuvo. Espera milagros en tu vida, y los recibirás, incluso un milagro como aquel que recibió el desesperado inválido de la Puerta Hermosa.

3. Sé uno de los que dicen: "Dios puede hacer cosas y las hará . . . mediante mí." Esto no es egoísmo; es ciento por ciento bíblico. Hebreos 11 nos cuenta de hombres y mujeres que realizaron obras. Tú también puedes realizarlas — cualquier obra que el Señor desea que hagas.

4. El secreto de la victoria es acción y persistencia. No lo postergues ni te des por vencido. "Los violentos lo arrebatan" (Mateo 11:12). ¡Esta fe violenta siempre consigue algo!

5. Tú vives AHORA, hoy; nunca "mañana". No digas lo que harías si las circunstancias te favoreciesen, o si tuvieses dinero, o si tuvieses la educación necesaria, o si tuvieses las oportunidades. Borra totalmente aquel *si* dubitativo, y sigue adelante y conquista la victoria. Deja de soñar sobre la buena vida que puedes tener el próximo año, o dentro de diez años. Comienza a vivir lo mejor que puedas ahora mismo.

6. Sé grande para Dios *ahora* mismo. Perdona a tus semejantes *ahora* mismo. Sé valiente e intrépido *ahora* mismo. No demores una vida positiva y constructiva por un futuro vago e indefinido.

7. Niégate a ser dominado por el miedo. "Porque el temor que me espantaba me ha venido, y me ha acontecido lo que yo temía" (Job 3:25). Cualquier cosa que tú temas continuamente, te ocurrirá. No digas que es mala suerte, desgracia, destino o que "otra gente" es la culpable. Tú lo pediste para ti, al dar paso al temor. Tú eres tu mayor enemigo, tu mayor creador de problemas. Con toda seguridad, aquello que tú temes, te ocurrirá. Cambia todo esto ahora mismo y afírmalo: "No tengo temor en mi corazón, porque Dios no me ha dado el espíritu del miedo."

Parte II

LO QUE RECIBES

COMO USAR ESTAS PROMESAS

La mayor parte de este libro ha sido dedicada a *Lo Que Tú Dices,* y yo confío que tú ya has leído y usado muchas promesas bíblicas. El resto de este libro es el postre: está dedicado enteramente a las promesas de las Escrituras que tú puedes reclamar usando el principio de hablar y creer que ya hemos discutido.

A manera de repaso, deseo recordarte que cuando tú tomaste a Jesús como tu Señor, te convertiste en hijo de Dios. Como todos los hijos de Dios tienes ciertos privilegios y derechos que se mencionan claramente para tu beneficio en la Palabra de Dios que es la Biblia.

Aun cuando la alianza que tú tienes con Dios es el Nuevo Testamento, tú puedes también reclamar cualquier promesa que haya sido concedida en el Viejo Testamento, puesto que la Biblia nos dice que *"todas las promesas de Dios son en él Sí, y en él Amén, por medio de nosotros, para la gloria de Dios."* ¡Si está en la Biblia, ésa es una promesa que tú puedes **reclamar!**

Dios dice: "No olvidaré mi pacto, ni mudaré lo que ha salido de mis labios" (Salmo 89:34). "Yo hablé, y lo haré venir; lo he pensado, y también lo haré" (Isaías 46:11). La Biblia nos dice que Dios no puede mentir, y aquello que él ha prometido, es capaz de cumplirlo también. Por lo tanto, cuando tú reclamas una promesa que está en la Biblia (cumpliendo cualquiera de las condiciones inherentes a ella), puedes saber sin sombra de duda que Dios cumplirá su palabra sobre el asunto.

Es importante considerar cada promesa exactamente como ella está escrita. No trates de aumentarla, o explicar lo que "debe significar realmente" o leer entre líneas. Léela tal cual está escrita como si fuera un documento legal — porque eso es exactamente lo que es. La Biblia es el testamento (o última voluntad) que explica todo aquello que heredamos cuando Cristo murió por nosotros.

Si parte de una promesa menciona algo que tú debes hacer ("ora", "cree", etc.), entonces hazlo. Hay algunas promesas que Dios considera como un negocio — ellas te dicen lo que él hará una vez que tú cumplas con tu parte en el negocio.

Finalmente, recuerda que Dios ha prometido *lo que* él hará, pero él no ha prometido *cuando* él lo hará — sin embargo, ¡él siempre "lo" hace oportunamente! Los resultados deseados pueden llegar inmediatamente. Pero en otra ocasión — pueda que no lleguen. La Biblia llama a este período de espera "la prueba de nuestra fe", y dice que eso "produce paciencia" (Santiago 1:3), y que es "mucho más preciosa que el oro, que es perecedero" (1 Pedro 1:7). Pero no temas, solamente cree, y Dios hará que el resultado deseado llegue en el momento perfecto en que él lo ha dispuesto.

Ahora, aquí, está lo que recibes.

RESPUESTAS A ORACIONES

Con Dios, nada es imposible: Aquí *tenemos promesas de la Palabra de Dios que tú puedes reclamar siempre que necesites una respuesta milagrosa a tus oraciones.*

Porque todo aquel que pide, recibe; y el que busca, halla; y al que llama, se le abrirá (Mateo 7:8).

Pues si vosotros, siendo malos, sabéis dar buenas dádivas a vuestros hijos, ¿cuánto más vuestro Padre que está en los cielos dará buenas cosas a los que le pidan? (Mateo 7:11).

Si tuvieras fe como un grano de mostaza, diréis a este monte: Pásate de aquí allá, y se pasará, y nada os será imposible (Mateo 17:20). Otra vez os digo que si dos de vosotros se pusieren de acuerdo en la tierra acerca de cualquier cosa que pidieren, les será hecho por mi Padre que está en los cielos (Mateo 18:19).

Y todo lo que pidiereis en oración, creyendo, lo recibiréis (Mateo 21:22).

Si puedes creer, al que cree todo le es posible (Marcos 9:23).

Y Jesús respondiendo, les dijo: Tened fe en Dios. Porque de cierto os digo que cualquiera que dijere a este monte: Quítate y échate en el mar, y no dudare en su corazón, sino creyere que será hecho lo que dice, lo que diga le será hecho. Por tanto, os digo que todo lo que pidiereis orando, creed que lo recibiréis, y os vendrá (Marcos 11:22-24).

Y estas señales seguirán a los que creen: En mi nombre echarán fuera demonios; hablarán nuevas lenguas; tomarán en las manos serpientes, y si bebieren cosa mortífera, no les hará daño; sobre los enfermos pondrán sus manos, y sanarán (Marcos 16:17-18).

Y el Señor dijo: Si tuvierais fe como un grano de mostaza, podrías decir a este sicómoro: Desarráigate, y plántate en el mar; y os obedecería (Lucas 17:6).

El que en mí cree, las obras que yo hago, él las hará también; y aun mayores hará, porque yo voy al Padre (Juan 14:12).

Y todo lo que pidiereis al Padre en mi nombre, lo haré para que el Padre sea glorificado en el Hijo (Juan 14:13).

Si algo pidiereis en mi nombre, yo lo haré (Juan 14:14).

Todo lo que pidiereis al Padre en mi nombre, él os lo dé (Juan 15:16).

En aquel día pediréis en mi nombre; y no os digo que yo rogaré al Padre por vosotros, pues el Padre mismo os ama, porque vosotros me habéis amado, y habéis creído que yo salí de Dios (Juan 16:26-27).

EL BAUTISMO DEL ESPIRITU SANTO

El bautismo en el Espíritu Santo es el mayor secreto de una vida que obtiene lo que dice. Es una segunda experiencia con Dios (la primera es nacer de nuevo) en la cual el cristiano empieza a recibir nuevamente infusión de poder sobrenatural en su vida. Aquí tenemos las siguientes escrituras que muestran que tú puedes esperar ser llenado con el Espíritu Santo:

Y pondré dentro de vosotros mi Espíritu, y haré que andéis en mis estatutos, y guardéis mis preceptos, y los pongáis por obra (Ezequiel 36:27).

Y después de esto derramaré mi Espíritu sobre toda carne, y profetizarán vuestros hijos y vuestras hijas; vuestros ancianos soñarán sueños, y vuestros jóvenes verán visiones (Joel 2:28).

Yo a la verdad os bautizo en agua para arrepentimiento; pero el que viene tras mí, cuyo calzado yo no soy digno de llevar, es más poderoso que yo; él os bautizará en Espíritu Santo y fuego (Mateo 3:11).

Pues si vosotros, siendo malos, sabéis dar buenas dádivas a vuestros hijos, ¿cuánto más vuestro Padre celestial dará el Espíritu Santo a los que se lo pidan? (Lucas 11:13).

Y yo rogaré al Padre, y os dará otro Consolador, para que esté con vosotros para siempre: El Espíritu de verdad, al cual el mundo no puede recibir, porque no le ve, ni le conoce; pero vosotros le conocéis, porque mora con vosotros, y estará en vosotros (Juan 14:16-17).

Mas el Consolador, el Espíritu Santo, a quien el Padre enviará en mi nombre, él os enseñará todas las cosas y os recordará todo lo que yo os he dicho (Juan 14:26).

Pero cuando venga el Consolador, a quien yo os enviaré del Padre, el Espíritu de verdad, el cual procede del Padre, él dará testimonio acerca de mí (Juan 15-26).

Pero yo os digo la verdad: Os conviene que yo me vaya; porque si no me fuese, el Consolador no vendría a vosotros; mas si me fuere os lo enviaré (Juan 16:7).

Pero recibiréis poder, cuando haya venido sobre vosotros el Espíritu Santo, y me seréis testigos en Jerusalén, en toda Judea, en Samaria, y hasta lo último de la tierra (Hechos 1:8).

Arrepentíos, y bautícese cada uno de vosotros en el nombre de Jesucristo para perdón de los pecados; y recibiréis el don del Espíritu Santo (Hechos 2:38).

Porque para vosotros es la promesa, y para vuestros hijos, y para todos los que están lejos; para cuantos el Señor nuestro Dios llamare (Hechos 2:39).

CONSUELO

Jesús desea que tengamos paz y alegría aun en medio de la adversidad y momentos de prueba. Aquí tenemos doce razones por las que tú no deberías sentir pena sino más bien tener confianza y regocijarte por las maravillosas provisiones que el Señor reserva para ti:

Y olvidarás tu miseria, o te acordarás de ella como de aguas que pasaron (Job 11:16).

Aunque ande en valle de sombra de muerte, no temeré mal alguno, porque tú estarás conmigo; tu vara y tu cayado me infundirán aliento (Salmo 23:4).

Cercano está Jehová a los quebrantados de corazón; y salva a los contritos de espíritu (Salmo 34:18).

Ella es mi consuelo en mi aflicción, porque tu dicho me ha vivificado (Salmo 119:50).

El sana a los quebrantados de corazón, y venda sus heridas (Salmo 147:3).

Jehová ha consolado a su pueblo, y de sus pobres tendrá misericordia (Isaías 49:13).

Yo, yo soy vuestro consolador (Isaías 51:12).

Porque los montes se moverán, y los collados temblarán, pero no se apartará de ti mi misericordia, ni el pacto de mi paz se quebrantará, dijo Jehová, el que tiene misericordia de ti (Isaías 54:10).

El me ha enviado a vendar a los quebrantados de corazón; a consolar a todos los enlutados; a ordenar que a los afligidos de Sion se les dé gloria en lugar de ceniza, óleo de gozo en lugar de luto, manto de alegría en lugar del espíritu angustiado (Isaías 61:1, 2, 3).

Bienaventurados los que lloran, porque ellos recibirán consolación (Mateo 5:4).

No os dejaré huérfanos; vendré a vosotros (Juan 14:18).

Bendito sea el Dios y Padre de nuestro Señor Jesucristo, Padre de misericordias y Dios de toda consolación, el cual nos consuela en todas nuestras tribulaciones, para que podamos también nosotros consolar a los que están en cualquier tribulación por medio de la consolación con que nosotros somos consolados por Dios (2 Corintios 1:3,4).

FE

Tú puedes ser intrépido en tu vida cristiana sabiendo que eres un hombre de fe, una mujer de fe.

Tú puedes reclamar la fe que necesitas para cualquier situación. ¡Qué bendición tener esa seguridad —no importa cómo te sientas— Dios dice que la fe es algo que tú ya posees!

Porque en el evangelio la justicia de Dios se revela por fe y para fe, como está escrito: Mas el justo por la fe vivirá (Romanos 1:17).

Así que la fe es por el oír, y el oír, por la palabra de Dios (Romanos 10:17).

Dios ha dado a cada hombre la medida de fe (Romanos 12:3).

Mas la Escritura lo encerró todo bajo pecado, para que la promesa que es por la fe en Jesucristo fuese dada a los creyentes (Gálatas 3:22).

Pues todos sois hijos de Dios por la fe en Cristo Jesús (Gálatas 3:26).

Mas el fruto del Espíritu es amor, gozo, paz, paciencia, benignidad, bondad, fe, mansedumbre, templanza (Gálatas 5:22, 23).

Porque por gracia sois salvos por medio de la fe; y esto no de vosotros, pues es don de Dios (Efesios 2:8).

Porque a vosotros os es concedido a causa de Cristo... que creáis en él (Filipenses 1:29).

A fin de que no os hagáis perezosos, sino imitadores de aquellos que por la fe y la paciencia heredan las promesas (Hebreos 6:12).

Porque todo lo que es nacido de Dios vence al mundo; y esta es la victoria que ha vencido al mundo, nuestra fe (1 Juan 5:4).

COMUNION CON DIOS

La Biblia nos dice que Dios nos creó para su deleite — que "los perfectos de camino le son agradables" (Proverbios 11:20). Si le obedecemos, podemos ser amigos de Dios.

Jehová estará con vosotros, si vosotros estuviereis con él; y si le buscareis, será hallado de vosotros (2 Crónicas 15:2).

Los rectos morarán en tu presencia (Salmo 140:13).

Y he aquí yo estoy con vosotros todos los días, hasta el fin del mundo (Mateo 28:20).

El que tiene mis mandamientos, y los guarda, ése es el que me ama; y el que me ama, será amado por mi Padre, y yo le amaré, y me manifestará a él (Juan 14:21).

Vosotros sois mis amigos, si hacéis lo que yo os mando (Juan 15:14).

Acercaos a Dios, y él se acercará a vosotros (Santiago 4:8).

Lo que hemos visto y oído, eso os anunciamos, para que también vosotros tengáis comunión con nosotros, y nuestra comunión verdaderamente es con el Padre, y con su Hijo Jesucristo (1 Juan 1:3).

He aquí, yo estoy a la puerta y llamo; si alguno oye mi voz y abre la puerta, entraré a él, y cenaré con él, y él conmigo (Apocalipsis 3:20).

PROSPERIDAD ECONOMICA

La liberación de nuestras preocupaciones económicas nos la asegura la Palabra de Dios. Mucha gente pierde la paz y la alegría en el Señor por estar constantemente preocupados por los problemas financieros. Sin embargo, como cristiano, si eres leal en tus diezmos y ofrendas, tú puedes reclamar las siguientes promesas. Los bancos bien pueden cerrar y se puede devalorizar la moneda, pero la palabra de Dios es siempre segura.

Guardaréis, pues, las palabras de este pacto, y las pondréis por obra, para que prosperéis en todo lo que hiciereis (Deuteronomio 29:9).

Confía en Jehová, y haz el bien; y habitarás en la tierra, y te apacentarás de la verdad (Salmo 37:3).

Joven fui, y he envejecido, y no he visto justo desamparado, ni su descendencia que mendigue pan (Salmo 37:25).

Jehová dará gracia y gloria: No quitará el bien a los que andan en integridad (Salmo 84:11).

El bueno dejará herederos a los hijos de sus hijos; pero la riqueza del pecador está guardada para el justo (Proverbios 13:22).

Echa tu pan sobre las aguas; porque después de muchos días lo hallarás (Eclesiastés 11:1).

Y te daré los tesoros escondidos, y los secretos muy guardados, para que sepas que yo soy Jehová, el Dios de Israel, que te pongo nombre (Isaías 45:3).

Dad, y se os dará; medida buena, apretada, remecida y rebosando darán en vuestro regazo; porque con la misma medida con que medís, os volverán a medir (Lucas 6:38).

Y si así viste Dios la hierba que hoy está en el campo y mañana es echada al horno, ¿cuánto más a vosotros, hombres de poca fe? (Lucas 12:28).

Mas buscad el reino de Dios, y todas estas cosas os serán añadidas (Lucas 12:31).

No temáis, manada pequeña, porque a vuestro Padre le ha placido daros el reino (Lucas 12:32).

Hasta ahora nada habéis pedido en mi nombre; pedid, y recibiréis, para que vuestro gozo sea cumplido (Juan 16:24).

Mi Dios, pues, suplirá todo lo que os falta conforme a sus riquezas en gloria en Cristo Jesús (Filipenses 4:19).

Amado, yo deseo que tú seas prosperado en todas las cosas, y que tengas salud, así como prospera tu alma (3 Juan 2).

PERDON

Si tú perdonas a aquellos que te han ofendido, Dios te perdonará cuando tú tengas necesidad de perdón. Primero perdona; luego pide perdón y luego espera ver cumplidas las siguientes promesas:

Cuanto está lejos el oriente del occidente, hizo alejar de nosotros nuestras rebeliones (Salmo 103:12).

Ahora, pues, ninguna condenación hay para los que están en Cristo Jesús, los que no andan conforme a la carne, sino conforme al Espíritu (Romanos 8:1).

Y esto erais algunos; mas ya habéis sido lavados, ya habéis sido santificados, ya habéis sido justificados en el nombre del Señor Jesús, y por el Espíritu de nuestro Dios (1 Corintios 6:11).

Al que no conoció pecado, por nosotros lo hizo pecado, para que nosotros fuésemos hechos justicia de Dios en él (2 Corintios 5:21).

En quien tenemos redención por su sangre, el perdón de pecados según las riquezas de su gracia (Efesios 1:7).

En quien tenemos redención por su sangre, el perdón de pecados (Colosenses 1:14).

Pero si andamos en luz, como él está en luz, tenemos comunión unos con otros, y la sangre de Jesucristo su Hijo nos limpia de todo pecado (1 Juan 1:7).

Si confesamos nuestros pecados, él es fiel y justo para perdonar nuestros pecados, y limpiarnos de toda maldad (1 Juan 1:9).

Y si alguno hubiere pecado, abogado tenemos para con el Padre, a Jesucristo el justo. Y él es la propiciación por nuestros pecados; y no solamente por los nuestros, sino también por los de todo el mundo (1 Juan 2:1, 2).

S A N I D A D

"No temas, únicamente confía." He visto a Dios sanar a miles de seres, y lo que él hizo por ellos lo hará por ti.

Yo soy Jehová tu sanador (Exodo 15:26).

Yo quitaré toda enfermedad de en medio de ti (Exodo 23:25).

Bendice, alma mía a JEHOVA, y no olvides ninguno de sus beneficios. El es quien perdona todas tus iniquidades, el que sana todas tus dolencias, el que rescata del hoyo tu vida (Salmo 103:2-4).

Envió su palabra, y los sanó (Salmo 107:20).

Por su llaga fuimos nosotros curados (Isaías 53:5).

Mas a vosotros los que teméis mi nombre, nacerá el sol de justicia, y en sus alas traerá salvación (Malaquías 4:2).

El mismo tomó nuestras enfermedades y llevó nuestras dolencias (Mateo 8:17).

Y estas señales seguirán a los que creen... sobre los enfermos pondrán sus manos, y sanarán (Marcos 16:17, 18).

¿Está alguno enfermo entre vosotros? Llame a los ancianos de la iglesia, y oren por él, ungiéndole con aceite en el nombre del Señor. Y la oración de fe salvará al enfermo, y el Señor lo levantará; y si hubiere cometido pecados, le serán perdonados (Santiago 5:14, 15).

Confesaos vuestras ofensas unos a otros, y orad unos por otros, para que seáis sanados (Santiago 5:16).

Por cuya herida fuisteis sanados (1 Pedro 2:24).

Amado, yo deseo que tú seas prosperado en todas las cosas, y que tengas salud, así como prospera tu alma (3 Juan 2).

PREMIOS CELESTIALES

Puesto que la Palabra de Dios dice que él dará premios celestiales a los cristianos, tú bien podrías reservar los tuyos ahora mismo. ¡Anuncia que Dios te va a proporcionar una vida en tal forma que tú serás candidato para recibir los mejores premios!

En cuanto a mí, veré tu rostro en justicia; estaré satisfecho cuando despierte a tu semejanza (Salmo 17:15).

Sino haceos tesoros en el cielo donde ni la polilla ni el orín corrompen, y donde ladrones no minan ni hurtan (Mateo 6:20).

Entonces los justos resplandecerán como el sol en el reino de su Padre (Mateo 13:43).

Y su señor le dijo: Bien, buen siervo y fiel; sobre poco has sido fiel, sobre mucho te pondré; entra en el gozo de tu señor (Mateo 25:21).

Entonces el Rey dirá a los de su derecha: Venid, benditos de mi Padre, heredad el reino preparado para vosotros desde la fundación del mundo (Mateo 25:34).

En la casa de mi Padre muchas moradas hay; si así no fuera, yo os lo hubiera dicho; voy, pues, a preparar lugar para vosotros. Y si me fuere y os preparare lugar, vendré otra vez, y os tomaré a mí mismo, para que donde yo estoy, vosotros también estéis (Juan 14:2, 3).

Cuando Cristo, vuestra vida, se manifieste, entonces vosotros también seréis manifestados con él en gloria (Colosenses 3:4).

Así estaremos siempre con el Señor (1 Tesalonicenses 4:17).

Me está guardada la corona de justicia, la cual me dará el Señor, juez justo, en aquel día; y no sólo a mí; sino también a todos los que aman su venida (2 Timoteo 4:8).

Pero anhelaban una mejor, esto es, celestial; por lo cual Dios no se avergüenza de llamarse Dios de ellos; porque les ha preparado una ciudad (Hebreos 11:16).

Pero nosotros esperamos, según sus promesas, cielos nuevos y tierra nueva, en los cuales mora la justicia (2 Pedro 3:13).

Por esto están delante del trono de Dios, y le sirven día y noche en su templo; y el que está sentado sobre el trono extenderá su tabernáculo sobre ellos. Ya no tendrán hambre ni sed, y el sol no caerá más sobre ellos, ni calor alguno; porque el Cordero que está en medio del trono los pastoreará, y los guiará a fuentes de aguas de vida; y Dios enjugará toda lágrima de los ojos de ellos (Apocalipsis 7:15-17).

No habrá allí más noche; y no tienen necesidad de luz de lámpara, ni de luz del sol, porque Dios el Señor los iluminará; y reinarán por los siglos de los siglos (Apocalipsis 22:5).

AYUDA

¡Hay mucha gente cuya ayuda no necesito! Pero la ayuda de Dios es la mejor que existe. Aquí están las escrituras que prometen que él te ayudará.

Nuestra alma espera a Jehová; nuestra ayuda y nuestro escudo es él (Salmo 33:20).

Dios es nuestro amparo y fortaleza, nuestro pronto auxilio en las tribulaciones (Salmo 46:1).

Los que teméis a Jehová, confiad en Jehová; él es vuestra ayuda y vuestro escudo (Salmo 115:11).

Mi socorro viene de Jehová, que hizo los cielos y la tierra (Salmo 121:2).

Nuestro socorro está en el nombre de Jehová, que hizo el cielo y la tierra (Salmo 124:8).

No temas, porque yo estoy contigo; no desmayes, porque yo soy tu Dios que te esfuerzo; siempre te ayudaré, siempre te sustentaré con la diestra de mi justicia (Isaías 41:10).

Y de igual manera el Espíritu nos ayuda en nuestra debilidad; pues qué hemos de pedir como conviene, no lo sabemos, pero el Espíritu mismo intercede por nosotros con gemidos indecibles (Romanos 8:26).

Acerquémonos, pues, confiadamente al trono de la gracia, para alcanzar misericordia y hallar gracia para el oportuno socorro (Hebreos 4:16).

De manera que podemos decir confiadamente: El Señor es mi ayudador; no temeré lo que me pueda hacer el hombre (Hebreos 13:6).

PODER

El poder que concede Dios, es poder que sirve porque "el que de vosotros quiera ser el primero, será el siervo de todos".

El Dios de Israel, él da fuerza y vigor a su pueblo (Salmo 68:35).

El da esfuerzo al cansado, y multiplica las fuerzas al que no tiene ningunas (Isaías 40:29).

He aquí os doy potestad de hollar serpientes y escorpiones, y sobre toda fuerza del enemigo, y nada os dañará (Lucas 10:19).

De cierto, de cierto os digo: El que en mí cree, las obras que yo hago, él las hará también; y aun mayores hará, porque yo voy al Padre (Juan 14:12).

Recibiréis poder, cuando haya venido sobre vosotros el Espíritu Santo (Hechos 1:8).

Si Dios es por nosotros, ¿quién contra nosotros? (Romanos 8:31).

Porque no nos ha dado Dios espíritu de cobardía, sino poder, de amor y de dominio propio (2 Timoteo 1:7).

PROTECCION

La Biblia nos dice que Dios es capaz de proteger a sus hijos tanto contra desgracias imprevistas como contra peligros conocidos.

Tú eres mi refugio; me guardarás de la angustia; con cánticos de liberación me rodearás (Salmo 32:7).

El ángel de Jehová acampa alrededor de los que le temen, y los defiende (Salmo 34:7).

No te sobrevendrá mal, ni plaga tocará tu morada (Salmo 91:10).

Jehová te guardará de todo mal; él guardará tu alma (Salmo 121:7).

Si anduviere yo en medio de la angustia, tú me vivificarás; contra la ira de mis enemigos extenderás tu mano, y me salvará tu diestra (Salmo 138:7).

Porque Jehová será tu confianza, y él preservará tu pie de quedar preso (Proverbios 3:26).

Si Dios es por nosotros, ¿quién contra nosotros? (Romanos 8:31).

Pero fiel es el Señor, que os afirmará y guardará del mal (2 Tesalonicenses 3:3).

SALVACION

Dios desea salvarte tanto como tú deseas ser salvado, y él ha prometido que "si alguno oye mi voz y abre la puerta, entraré a él".

Y dará a luz un hijo, y llamarás su nombre JESUS, porque él salvará a su pueblo de sus pecados (Mateo 1:21).

Porque de tal manera amó Dios al mundo, que ha dado a su Hijo unigénito, para que todo aquel que en él cree, no se pierda, mas tenga vida eterna (Juan 3:16).

Todo lo que el Padre me da, vendrá a mí; y al que a mí viene, no le echo fuera (Juan 6:37).

Yo soy la puerta; el que por mí entrare, será salvo; y entrará y saldrá y hallará pastos (Juan 10:9).

Le dijo Jesús: Yo soy la resurrección y la vida; el que cree en mí, aunque esté muerto, vivirá (Juan 11:25).

Jesús le dijo: Yo soy el camino, y la verdad, y la vida; nadie viene al Padre, sino por mí (Juan 14:6).

Y esta es la vida eterna: que te conozcan a ti, el único Dios verdadero, y a Jesucristo, a quien has enviado (Juan 17:3).

Porque la paga del pecado es muerte, mas la dádiva de Dios es vida eterna en Cristo Jesús Señor nuestro (Romanos 6:23).

Porque todo aquel que invocare el nombre del Señor, será salvo (Romanos 10:13).

BIENESTAR ESPIRITUAL

La Biblia dice que todos nosotros estamos transformándonos para parecernos a Jesús, "de gloria en gloria". Dios ha prometido cuidarnos y hacer que crezcamos en él.

Jehová cumplirá su propósito en mí (Salmo 138:8).

Mas la senda de los justos es como la luz de la aurora, que va en aumento hasta que el día es perfecto (Proverbios 4:18).

Y esta es la voluntad del Padre, el que me envió: Que de todo lo que me diere, no pierda yo nada, sino que lo resucite en el día postrero (Juan 6:39).

Mis ovejas oyen mi voz, y yo las conozco, y me siguen, y yo les doy vida eterna; y no perecerán jamás, ni nadie las arrebatará de mi mano (Juan 10:27-28).

El cual también os confirmará hasta el fin, para que seáis irreprensibles en el día de nuestro Señor Jesucristo (1 Corintios 1:8).

Por tanto, nosotros todos, mirando a cara descubierta como en un espejo la gloria del Señor, somos transformados de gloria en gloria en la misma imagen, como por el Espíritu del Señor (2 Corintios 3:18).

El que comenzó en vosotros la buena obra, la perfeccionará hasta el día de Jesucristo (Filipenses 1:6).

Que sois guardados por el poder de Dios mediante la fe, para alcanzar la salvación que está preparada para ser manifestada en el tiempo postrero (1 Pedro 1:5).

FUERZA

Dios nos ha prometido fuerza para nuestros cuerpos y fuerza para nuestros espíritus; además, él siempre está dispuesto a prestarnos su propia fuerza, ¡que es la mayor de todas!

El gozo de Jehová es vuestra fuerza (Nehemías 8:10).

Y el limpio de manos aumentará la fuerza (Job 17:9).

Jehová dará poder a su pueblo (Salmo 29:11).

Pero la salvación de los justos es de Jehová, y él es su fortaleza en el tiempo de la angustia (Salmo 37:39).

El Dios de Israel, él da fuerza y vigor a su pueblo (Salmo 68:35).

Confiad en Jehová perpetuamente, porque en Jehová el Señor está la fortaleza de los siglos (Isaías 26:4).

Pero los que esperan a Jehová tendrán nuevas fuerzas; levantarán alas como las águilas; correrán, y no se cansarán; caminarán, y no se fatigarán (Isaías 40:31).

Mas el pueblo que conoce a su Dios se esforzará y actuará (Daniel 11:32).

Diga el débil: Fuerte soy (Joel 3:10).

Todo lo puedo en Cristo que me fortalece (Filipenses 4:13).

SABIDURIA

La sabiduría más importante que Dios proporciona es la sabiduría de conocer su voluntad. Pero sus promesas son ilimitadas. Un Padre amoroso que anhela ayudarnos con su sabiduría aun con nuestros problemas más pequeños.

Porque Jehová da la sabiduría, y de su boca viene el conocimiento y la inteligencia. El provee de sana sabiduría a los rectos (Proverbios 2:6, 7).

Los que buscan a Jehová entienden todas las cosas (Proverbios 28:5).

Porque al hombre que le agrada, Dios le da sabiduría, ciencia y gozo (Eclesiastés 2:26).

Clama a mí, y yo te responderé, y te enseñaré cosas grandes y ocultas que tú no conoces (Jeremías 33:3).

El que quiera hacer la voluntad de Dios, conocerá si la doctrina es de Dios (Juan 7:17).

Y conoceréis la verdad (Juan 8:32).

Mas el Consolador, el Espíritu Santo, a quien el Padre enviará en mi nombre, él os enseñará todas las cosas, y os recordará todo lo que yo os he dicho (Juan 14:26).

Pero cuando venga el Espíritu de verdad, él os guiará a toda la verdad... y os hará saber las cosas que habrán de venir (Juan 16:13).

Mas por él estáis vosotros en Cristo Jesús, el cual nos ha sido hecho por Dios sabiduría, justificación, santificación y redención (1 Corintios 1:30).

Mas nosotros tenemos la mente de Cristo (1 Corintios 2:16).

Porque esto es bueno y agradable delante de Dios nuestro Salvador, el cual quiere que todos los hombres sean salvos y vengan al conocimiento de la verdad (1 Timoteo 2:3, 4).

Y si alguno de vosotros tiene falta de sabiduría, pídala a Dios el cual da a todos abundantemente y sin reproche, y le será dada (Santiago 1:5).